女子精进指南

如何成为很厉害的优雅女性

殷中军 艾米粒 / 著

中国民族文化出版社

北京

图书在版编目（ＣＩＰ）数据

女子精进指南：如何成为很厉害的优雅女性 ／ 殷中军，艾米粒著. — 北京：中国民族文化出版社有限公司，2019.9

ISBN 978-7-5122-1246-6

Ⅰ．①女… Ⅱ．①殷… ②艾… Ⅲ．①女性－职业选择 Ⅳ．①C913.2

中国版本图书馆CIP数据核字(2019)第183153号

书　　名：女子精进指南：如何成为很厉害的优雅女性
作　　者：殷中军 艾米粒
责　　编：陈丽红
出　　版：中国民族文化出版社
地　　址：北京东城区和平里北街 14 号 （100013）
发　　行：010－64211754　84250639
印　　刷：天津盛辉印刷有限公司
开　　本：710mm ×1000mm　　　1/16
印　　张：14
字　　数：193千字
版　　次：2019 年 11 月第 1 版第 1 次印刷
印　　数：1—5000册
书　　号：ISBN 978-7-5122-1246-6
定　　价：59.00元

我们都是追梦人：
我为什么写作本书

法国著名作家西蒙娜·德·波伏娃曾说："女人不是天生的，而是后天形成的。"在移动互联网创业期间，我遇到过很多女性创业者和优秀的女性企业家。我采访了其中一部分人，发现原本相对弱势的女性群体已然成为一股不容小觑的群体。

在采访中我获知，很多全职宝妈因为没有事业，没有收入，在家中地位很低。她们被丈夫、公婆看不起，生活得很不幸福。

对女性来说，婚姻本该带给她足够的安全感、幸福感，然而现实并非如此。

本书另一作者——艾米粒，在创业之前做过全职宝妈，她曾经受过很大的伤害。

在老家生完孩子后，她带着女儿到南京找丈夫。本来一家人团聚是件好事，但丈夫却抱怨她带孩子过来影响他做生意，也不能体谅她养育孩子的辛苦，还经常数落她"在家不干事""只知道玩"，两人开始争吵不休。

某次吵架时，她丈夫直接对她吼："你给我滚回娘家去！"

艾米粒这才意识到，当她没有事业、没有经济来源时，她在丈夫面前就毫无尊严可言。

这样的例子有很多，每次听到这样的故事，我的心都很痛。

我深感，思想独立、经济独立对女性是如此重要。因为一个女性如果思想不能独立，她很难想到要去改变自己，提升自己。而一个女性如果经济不独立，意味着她没有经济收入，在家中地位相对较低。

缺乏思想独立、经济独立，女性的人格独立、精神独立就无从谈起。所以女性要想独立，思想和经济必须先独立。

与此同时，我也欣喜地看到：很多女性借助移动互联网创业，拥有了自己的事业，提升了自己在家中和社会上的地位，改变了命运，她们的内心、涵养和独立性发生了巨大变化。我见证了很多女性创业者和企业家的成长，看着她们蜕变，我心生感动。

如艾米粒，在遭遇到家庭伤害后，她开始意识到女性经济独立的重要性，于是开始寻找事业机会。后来艾米粒加盟了一个品牌，开始了移动互联网创业，并有了自己的团队，2018年9月还创立了轻奢科技品牌秘媞，事业越做越好。更重要的是，这期间她成长了很多。

还有一些女性，当她们通过移动互联网创业后，有了自己的事业和收入，从刚开始月收入一两千元，慢慢增加到四五千元、七八千元，甚至月入数万元。她们在丈夫、公婆面前挺直了腰板。她们的家庭生活质量得到改善，让孩子过上了更好的生活，让孩子得到了更好的教育。她们活得越来越自信，生活越来越精彩。

中国很多女性正通过创业，在中国乃至世界的舞台上绽放魅力、展示实力。

正是因为看到女性创业的大趋势，加上我很想为经济不独立的女性尽一份绵薄之力——激励和帮助更多女性思想独立、经济独立，让她们过上更美好的生活，因此我萌生了将我采访女性创业者的所思所想及女性创业案例写成一本书的想法。

我期望这本书能帮助女性成长，实现思想独立、经济独立、人格独立和精神独立，做一个新时代的女性，成为更多女性的榜样，进而激励更多的女性实现独立。

我想，没有什么事情能比一同体验生命蜕变更让人兴奋，没有什么事情能比见证崛起更让人热血沸腾。生命亘古不变。愿这本书能给你带来人生的启示、对女性这个群体的深思。

女性的稳定和独立将会促进中国梦的实现。

女性如果想思想独立、经济独立、人格独立和精神独立，需要不断提升学习力、思考力和专业技能，管理好自己的情绪和心态，让自己尽快成长，拥有独立的事业，从而掌控自己的人生。

在本书中我将介绍女性如何提升学习力、思考力、专业技能；如何管理好自己的情绪和心态；如何迅速成长并拥有独立的事业，最终掌握自己的命运。

希望通过本书，我能影响和帮助到更多渴求事业独立的女性。

在本书的写作过程中，我要感谢遇到的那些优秀现代女性（如艾米粒），她们是企业家，她们是创业者。她们的故事打动了我，她们自强不息的拼搏精神让我敬佩。其中，爱漂亮女王慧子老师（微信号：fir0705）是一名魅力现代女性，她对现代女性的理念给了我很多启发。

感谢我的家人，是你们的支持，让我能在繁忙之余有足够的时间写作和打磨本书；感谢我的读者朋友，你读完本书后有所收获，便是我最大的满足和动力；感谢我生命中遇到的所有人和事，以及遭遇的挫折，是你们，让我的人生变得更丰富，让我变得更优秀。最后，要感谢这个时代。正是因为时代的发展和进步，才让女性拥有了更多发展和崛起的机会。

殷中军

2019 年 6 月 24 日

女性创业的意义：
独立的人生更精彩

2014 年春节的前几天，因为一点口角之争，前夫抛下我，他自己开车带女儿回了 700 千米外的家乡。整个春节我一个人在破旧、冷清的出租屋中，思考着我该何去何从。

写本篇自序时，是 2019 年春节的前三天，我和女儿、家人、朋友一起在普吉岛度假过年。这个春节我就在舒适热闹的海边别墅里，继续思考我的人生。

2014—2019 年期间，我的生活发生了翻天覆地的变化。

还得从孩子半岁时，我无意中进入西祠论坛说起，我发现这里除了灌水闲聊，也有商家在打广告、做团购，还有一些个体在做销售。在生活的重压之下我看到了一线商机，从此开启了互联网轻创业之路，2011 年年底又试水淘宝。

有了论坛和淘宝的经验积累，2014 年年初我借助移动互联网的东风，只用了三年就创建起来一支强大的经销商团队，让"艾米粒瘦瘦包"一举成为整个行业的标杆。

很多人会说，创业哪有你说的那么容易？我想告诉每一位女性，创业不容易，生活本身也不容易，想要在大城市买房安家，别说贷款，就是凑个首付款对很多家庭来说都不容易；想要给孩子找个好学校，别说高昂的赞助费，就是托人找关系也很不容易；面对心碎无望的婚姻既没勇气离开，又无力改变，真的不容易。

这些年的持续创业让我获得了财务自由，但期间我也尝过利益纷争的切肤之痛，熬过无助的夜，掉过深不见底的坑。

我目前正在运营的科技护肤项目，曾在风生水起之时，突然遭遇内外交困。

我的合伙人和供应商曾经想要直接架空我的项目和团队，先是通过微信公众号发布我的负面消息，接着断掉我的货源。在法律维权时我又发现对方在合作之初签订的商标转让协议存在漏洞，让我的维权之路更加艰难。

所幸的是大多数合作伙伴们坚定地相信我、支持我，我们的新项目秘媞科技护肤品牌又再次迎来春天。

婚姻失败，合作失败，既然结果可能是失败，那为什么还要去拼呢？因为如果不拼，在面对命运突然给你的暴击时，你连还手之力都没有！也正是这一次次的失败磨炼了我的意志，让我的心智越来越成熟，我的心胸越来越开阔，也让我看到了更大的世界。

在面对困难、挫折、失败时，我们只有选择充分相信自己，才能充分相信未来。愿多年以后，你曾撞过的南墙，都成为坦途；你曾遭遇过的绝望，都成为最美的鲜花；你曾经历的苦难，都成为胜利的勋章。也愿我们都能少走弯路，多拥抱生活里的甜蜜。总之，不论遇到什么难题，都别轻易放弃。

生活在这个世界上的每一个人，都应该拥有一种魔法，用它来抵抗坏情绪、获得好心情。这种魔法有一个我们耳熟能详的名字，叫信念。

真正的信念并不是来自外界强加的力量，而是出于自己那颗赤诚坚定的心。我曾吃尽生活的苦，却从未对命运认输。周国平说，如果一个人觉得自己这辈子怎么过都无所谓，那这个人还会对什么事情认真呢？

我回想起孩子半岁前的日子，我每天带着她去广场晒太阳，与一群宝妈们互诉苦楚：老公不体贴，婆婆不帮忙，社会不公平……

然而创业后，我最大的改变就是，从一个"怨妇"蜕变成一个对人生充满热情的独立女性。敢于追寻自己的梦想，有体验未知人生的勇气，也有不断向上的力量，这就是女性创业的巨大意义。把这种独立的意识传递给更多女性，帮助渴望改变人生的女性实现精神和经济的双重独立，是我写这本书的初衷。

感谢老吴，不管还做不做思埠产品，他都是我的领路人。感谢我的妹妹和妹夫，一直在南京照顾我的生活，辅助我的事业。感谢我团队所有的小伙伴，不离不弃，始终相信我，跟随我。感谢徐东遥、龚文祥、殷中军、张奔、柴公子、肖森舟和朱海等大伽们给我源源不断的正能量。

最后，我想说的是，创业虽难，还是要敢于梦想，勇于追梦，用自己的努力和执着，把平凡的生活过得不平凡，书写出人生的优雅和精彩，成为她时代一名优秀的独立女性。

艾米粒

2019 年 2 月 2 日

女性成长篇

目录

CONTENTS

女性修炼篇

第4章 女性急速精进之路：
如何打造魅力社交型的朋友圈

女性创业篇

第5章 女性急速崛起之路：
如何借助互联网创业逆袭跃迁

第6章 女性朋友圈变现之路：
如何通过朋友圈轻创业赚钱

第 7 章 女性轻创业赚钱之路：
女性轻创业赚钱的策略及方法

第 8 章 女性精进案例：
年入百万女性是怎样炼成的

女性成长篇

|第1章|

女性时代：她时代已来

如果没有自己的钱包，女性永远无法独立。

现代女性是独立女性

古代女性，只要相夫教子、操持家务，便可得到一定的生活保障。然而，今天的女性不仅依旧受缚于传统角色，还需要面对当今社会对女性的新要求——经济、情感独立。

颇有意思的是，近年来赞美女性操持家务的声音越来越多。

因最会做家务而被《时代周刊》评为"2015年世界最有影响力100人"的日本女孩近藤麻理惠和她的作品《怦然心动的人生整理魔法》，曾被自媒体炒得火热。这在某种意义上是日本乃至全世界对女性家庭角色的定位和暗示。

还有，近年来"科学育儿"的观念被家长广泛接受，该理念强调家长要多参与孩子的成长。以往的家长大可把孩子扔给学校和老师，但是现在如果仍然采用这种育儿方式，会被视作不负责任。越来越多的学校要求家长协助孩子完成作业，陪伴孩子参加各种课外学习或者亲子活动，母亲的任务也越来越重。

女性应该利用一些时间提升自我，突破家庭的限制，在更广阔的空间中取得成就，甚至通过婚姻让自己的身心更完善、人生更圆满。加拿大女作家爱丽丝·门罗即使有 4 个孩子要养育，但她仍能坚持写作，并获得了 2013 年的诺贝尔文学奖。很多女性有了孩子后，便与孩子的成长过程绑在一起，全职妈妈们渐渐失去了自己的社交圈及身心自由，几乎很难挤出时间完成自己的人生梦想。

女性为孩子及家庭付出很多心血，但其在家庭及社会上的地位却并未得到相应的提升，反而处境尴尬，婚姻安全性也得不到保障。

然而，随着移动互联网时代的到来，这一切正在发生改变。

1. 女性崛起的大趋势

男女之间地位的转换是移动互联网时代的一大特色。目前，在很多重要领域，女性已经发挥着不逊于男性的作用。

其实，女性地位的提高早已是大势所趋。

2015 年，美国《外交政策》杂志公布的"全球百大思想者"名单中，荣登榜单的 125 名思想者中 63 名是女性，这是有史以来该榜单上女性思想者人数首次超越男性的有力证明。

此外，2016 年，美国的一份研究报告显示，女性已经在医生、律师和银行家等职业中占据重要位置，在职场上发挥着日益重要的作用。而相关研究还显示，预计在未来 10 年，全球发展较快的很多行业都将被女性主导。这意味着越来越多的女性在经济方面将取得超越男性的成就。经济地位的提升，将帮助女性改变其社会地位，进而促使女性独立。

中国也发生着类似的情况。教育方面，《2016 年中国高考状元调查报告》显示，在 2000 年以前，高考状元中男生占 71.05%，远远超越女生的占比；而 2000 年以后，男女之间的实力对比发生了逆转，高考状元中，女生比例逐渐超越男生，其中，北京高考状元中女生占近七成。

职场方面，随着第三产业的地位提升，中国女性获得了更多的事业机会，而且在很多领域表现出色。而随着第三产业所占比重及重要性的提升，职场上，女性将获得更多的话语权。

商业方面，胡润富豪榜数据显示，2015 年，上榜名单中，21% 是女性；2017 年，女性的比例升至 25.8%；2018 年，则提升至 28.7%。此外，胡润研究院数据还显示，2018 年，全球女性企业家中，60% 来自中国。

移动互联网时代，以共享和分享为主导的经济发展模式，让女性的领导力特质有了更大的发挥空间。此外，随着女性在经济活动中参与度的提升，女性领导力将在社会中发挥着更为重要的作用，其优势日渐明显。

未来，女性领导力的引导、培养及其相关课题将为越来越多的企业、事业单位所重视。德国总理默克尔、脸书的 COO 桑德伯格、鸿海集团的第二号人物黄秋莲以及格力掌门人董明珠等诸多成功女性，都是优秀女性领导者的代表及广大现代女性的榜样。

近年来，中国社会的一个重大变化是，职场精英中，女性人数将不断增加，未来这种现象也许会更加普遍。清华大学管理学教授宁向东读研究生时，班里 40 名同学中，仅有 3 名女性。现在，他教的硕士班，女性所占比例已经超过 50%。2017 年，他参加了一场毕业答辩，2 位博士生导师、5 位毕业生，均为女性。而进一步了解到的情况也让他大为感触，该专业中女性博士生占了 75%。由此可以推测，未来，社会精英中女性将占绝大部分。

2. 现代女性因何而崛起

"中国人的勤奋，令世界惊叹和汗颜。"

其实，诺贝尔经济学奖获得者科斯的上述感慨并非毫无缘由。早前，澳大利亚国家统计局发布的《世界各国劳动参与率》报告显示，中国人民劳动参与率世界排名第一，高达 76%。其中，中国女性的劳动参与率高居全球第一，接近 70%。

"中国女人们环顾四周，她们是最自由、最自强、最独立、最出色、最具有奋斗心和最辛苦的女人，她们比任何国家的女人都应该拥有更多尊重和掌声。"

而上述研究数据则正契合了肖恩慈的心声。

女性在专注事业的同时，来自社会、家庭的压力会迫使其肩负起照顾孩子及家庭的责任。即使在照顾孩子、家庭方面，社会、家庭对女性没有太多要求，她也会自然而然地投入更多的精力，这是体内的母性使然。很多时候，女性为了让孩子获得更好的生活、教育，在家庭不具备优质条件的情况下，她自己会想方设法赚钱、创业，创造出更好的物质条件。也就是说，孩子、家庭有时候反而是刺激女性奋发的重要因素。女本柔弱，为母则刚，说的就是这个道理。

我的好友艾米粒在发现前夫靠不住的情况下，开始寻找事业机会，借助移动互联网创业，由一个没有收入、没有家庭地位的宝妈华丽转身，成为一名优秀的女性创业者。

如果她始终生活安逸，没有陷入窘境，她也许还只是一个普通宝妈。正是为了给女儿创造更好的条件，自己能和女儿幸福地生活在一起，她放下柔弱的一面，逼迫自己成为一名外柔内刚的事业女性。而事业的独立和成功，改变了她的后半生，继而改写了其女儿的命运。

"伟大的灵魂都是雌雄同体。"

最初听到这句话时，我并没有当回事，但在我认真研究了身边很多优秀的人士，将数据做了统计和对比，我发现身边很多优秀人士确实具备"两面性"，他们集男性和女性的很多优点于一身。

成功男性，他们勇敢、有胆魄，同时兼具细腻、感性的特点。而对成功女性而言，外柔内刚的她们同时富有勇气、胆量。无论是成功男性还是女性，他们往往兼备男、女思维，且思维模式切换自如。正如那句话所说，"心有猛虎，细嗅蔷薇"，这其实是对这类"雌雄同体"群体的一种独特描述。

我的大学专业是临床医学，因此研究问题时我还喜欢从医学角度来思考。我查阅了很多脑科学方面的书籍，最新研究结果显示，男女在大脑结构方面存在一定的差异。

女性脑让女性思考问题时与男性存在一定的差异，她们会更偏向于感性、细心。"雌雄同体"群体的特色是，他们在大脑结构方面具有一定的相似性，男性脑、女性脑各自达到了一种平衡。而大脑的结构则是决定他们同时兼具男女思维并切换自如的基础。但男、女大脑的差异并非完全取决于先天，社会环境、家庭环境在塑造其大脑的过程中也起着重要的作用。

大部分"雌雄同体"的群体在成长过程中受到过榜样的引导、环境的影响，脑神经被塑造成特有的结构，让他们能同时拥有男、女的优点，在时机合适的时候，将其发挥出来。

对一名优秀的女性而言，当她既有女性的独特魅力，同时又融合了男性的独特优点时，她将拥有更强大的能力。高手性非异也，自成阴阳。造物主仿佛要借助她们的手来实现自己的更高目标。

这是女性独立的核心。

3. 科技加速现代女性的崛起

人工智能时代，男性的竞争力会被削弱，因为男性擅长理性分析和逻辑推理，而这很容易被计算机和机器人取代。

未来社会的创新和进步并非仅来自于一行行代码，将更多地来源于人的"感性"思考。这种感性引起的创新会更加灵活、可裂变，这些是人工智能所无法取代的。

未来的社会风尚将被那些具有人文关怀、高度感性的女性所引领。凯文·凯利在其著名的人类进化三部曲《失控》《科技想要什么》《必然》中，描述了"互联网科技"这个新物种的基因特征、所思所想、行为规则和未来走向。他还预言：人工智能时代，既不是人类统治机器人，也不是人工智能统治人类，而很可能是人机合一，即人类和人工智能合作，一起实现造物主的目标。

读完三部曲，我突然有种很强烈的预感：在进化的历程中，造物主很可能会借助女性之手，来实现人机合一，进而达到他更远大的目标。

由此看来，科技发展的最大赢家不是机器，也非男性，而是女性。具有人文关怀、高度感性、善于与人和机器打交道的女性在与人工智能合作、带领人机融合的团队方面显然要胜男性一筹。随着对女性和人工智能研究的深入，我愈发坚定这一猜测。

此外，移动互联网时代的到来，女性崛起的速度在加快。在中国，随着智能手机的迅速普及，整个社会从互联网时代迅速进入移动互联网的新时期。伴随着移动互联网发展的浪潮，女性相关细分市场份额也会爆发式增长，移动互联网正成为女性崛起的良好契机。移动互联网在一定程度上加速了女性崛起的速度。一定意义上，移动互联网让女性从亚文化意志中得到充分的解放。

科技，在加快女性的成长与进步。

4. 现代女性崛起，改变世界

众所周知，纵观整个人类的文明史，除了母系社会，男性一直处于主导地位。

自进入现代社会之后，男女平等的观念虽然逐渐深入人心，但事实上女性文化还是被排除在主流文化之外，以亚文化意志的形式存在。即使是当代，由于历史的惯性、传统思想观念的影响、家庭的差别对待、社会的偏见与歧视等因素存在，女性无论是在家庭中还是在社会上仍然处于一定的弱势地位。

但女性的崛起正改变着这一切。越来越多的现代女性将站在事业的舞台中央，展现出女性魅力的独特一面。

随着科技的进步，女性的优势得到释放，其在社会中的重要领域参与度增加，这将促进女性在职场、社会、家庭中的地位提升，也让现代女性崛起成为必然！

本书的另一位作者艾米粒，她有了孩子后曾做过一段时间的全职妈妈。艾米粒与前夫离婚时，女儿、财产几乎所有一切尽归男方。为了夺回女儿的抚养权，为了让女儿跟着她在南京生活，她决定创业。

创业难，女性创业更难。创业期间艾米粒吃过很多苦，面对过无数冷言冷语，遭遇过合伙人的背叛，但每当她想着自己可爱的女儿期待的眼神，她就有了无尽的动力和能量。面对艰难险阻，她挺了过来，创建了自己的团队，还创立了自己的美妆品牌。

现在，她在南京买了房，从前夫手中夺回了女儿的抚养权，给了女儿最好的生活、最优质的教育。此外许多女性因为艾米粒，拥有了自己的事业，改变了自己的人生，掌控了自己的命运。

现代女性的四个维度，你具备几个？

"现代女性不应只是一个在厨房忙碌的小女人，一个接孩子放学的母亲，一个等着丈夫归家的妻子，她应该是走钢丝的能手，善于在家庭和事业间寻求平衡。"

"21世纪的现代女性，既不是一个传统意义上的'贤妻良母'，也不是男人眼中性格粗犷的'女汉子'，她应该是流动在职业女性与贤妻良母之间的精灵。"

"上得了厅堂，下得了厨房，杀得了木马，开得起好车，买得起好房。"

提到现代女性，很多人会这样描述。但事实上，这些描述中更多的还是将女性局限于家庭层面，而不是将现代女性视作一个平等的个体。

在移动互联网时代、数字化时代中，谁都可能成为崛起的个体和某个品牌。

现代女性也是如此。

作为女性，她首先是一个独立的个体，其次才是女儿、妻子、母亲，这些身份都衍生于女性这个个体。没有这个独立个体的存在，现代女性也就不存在，上述社会身份也就不存在。

因此，我将从四个维度来定义现代女性这个独立的个体。本书其他章节则分别针对这四个维度展开说明，通过讲述我及身边朋友的案例和成长经验，帮助女性实现四个层面的独立，并经过修炼成长为一名真正的现代女性。

01 思想独立　02 经济独立　03 人格独立　04 精神独立

现代女性的标准

1. 思想独立：女性独立的基石

独立是生命的恩赐，是一切美德的基础。

之所以把思想独立放在第一位，是因为一名女性思想不独立，没有觉醒意识时，她很难想到去改变，去学习，去提升自己，改变自己的处境，进而想办法实现事业独立、经济独立。唯有女性的自我意识觉醒、独立意识增强后，才可能实现真正的男女平等。所以，思想独立是如此重要，它是女性独立的基石。

我采访过一个宝妈小如，四年时间她生了三个孩子，后来丈夫出轨，最终双方以离婚收场。她跟我说，女性一定要思想独立。因为她之前太依赖丈夫，除了思想依赖，经济、身心也完全依赖他，对她来说，孩子和丈夫就是她的天。身心的依赖根源在于思想的依赖，因为在她的认知体系、思想意识中，女人这一生就是要在家相夫教子，压根没有想过会离开丈夫生活。正是因为思想的不独立，一旦丈夫出轨，她就处于很被动的局面，更多的是妥协，指望自己的退让能维持住婚姻。可惜天不遂人愿，最终婚姻还是以失败告终。

对她来说这简直就是天塌了，因为她完全没有想过丈夫会不要她。而且婚后，她把全部身心都放在了家庭上，与这个社会已经脱节。她压根不知道，离开丈夫，她如何生存下去。正是因为对丈夫、对婚姻的极度依赖，婚姻期间她从未想过去提升自己，学习一技之长，好让自己不断成长，以应对生活中的突发事件。她也从未想过，这世界上，除了自己，谁都靠不住，自己才是命运的主宰者。

从小如的案例中，我也深深感到思想独立对女性的重要性。也许很多人觉得都 21 世纪了，都进入移动互联网时代了，怎么还会有女性愚昧到以丈夫和孩子为天？然而，确实有很多女性受传统思想、家庭环境、社会环境的影响，依然不独立，依然觉得一切要靠丈夫。

我的好友艾米粒有了孩子后，不甘心让自己的梦想被家庭埋没，于是萌生了创业的想法。虽然创业之路比较辛苦，但就是因为她执着于自己的梦想和打造民族品牌的情怀，最终创立了自己的品牌，成为一名成功的现代女性。最重要的是，她影响和帮助了众多女性，让她们因为她而改变命运。

那么，如何才能保持思想独立呢？

不从众

从众其实是生命进化的结果，是生命出于自我保护而做出的正常选择。但你得意识到，过于从众、轻信人言，你会缺乏独立思考的能力。你的思想独立便无从谈起。

不盲从

首先要了解，权威不一定等于真理。

其次要明白，就算权威正确，也只是权威表达了真理，而非真理属于权威。

最后要清楚，权威只是权威，真理就是真理，两者并非一回事。从另一个角度看，拒绝思想独立、把思考的工作交给别人，不仅不省时间，反而是在浪费仅有的一次生命。

不逆反

凡事过犹不及。但对大部分人而言，程度是最难把握的，大部分人要么过于从众、盲从、缺乏主见，要么太有己见，听不得人言。而保持思想独立要求我们，掌握好分寸，既要独立思考，又要能分辨对方观点的对错，吸纳有益的成分。思想独立并非意味着处处与众不同，而在于能明辨是非，敢于坚持对的看法、反对错的观点，同时还能承认自己也会犯错。

提升认知能力

上面三点离不开主动升级认知系统，而读书、反思就是提升认知水平极好的方法。

提升元认知能力

所谓元认知，是指我们清楚自己思考的过程，并独立于思考之外，观察我们整个思考的过程，进而明白我们为何会这样思考。该种能力是智人具备的一种独特能力。我甚至认为，元认知是我们学习一切新知识必备的一种能力。

至今，在女性思想独立方面，还有很多工作需要社会去承担。我也会在此方面尽我的绵薄之力，帮助更多女性尽快思想独立。

如果没有自己的"钱包"，女性永远无法独立。经济不独立，出走之后要么饿死，要么重返夫家。

思想独立之后，女性会意识到，必须要独立，才能在丈夫和孩子面前保持自己的尊严和自信。

如何独立？那就得有自己的事业，实现经济独立。

女性主义者波伏娃在其鸿篇巨制——女性"圣经"《第二性》中指出，女性要想获得解放，唯一道路就是成为独立女性，而非依赖性女性。只有女性的经济地位提升后，才能带来社会、文化和精神等方面的巨大变化。

总而言之，经济独立的女性才能有未来。

当女性经济独立之后，她会找回在丈夫和孩子面前的自信，也会进一步坚定她思想独立的决心，进一步促进思想独立。经济独立之后，她在家中的地位也会上升，生活会更有自信，这反而可以促进家庭的和谐，婚姻的稳固和长久。

当女性不再需要每次伸手跟丈夫要家庭开销费、子女抚养费时，她会更有底气，活得也更从容，丈夫也会更欣赏她。而且女性还可以时不时地买些心仪的东西，提升自己的幸福感。

我采访过一个女性创业者小月，她在创业之前做过全职宝妈，每次她跟丈夫要钱买奶粉、买菜，丈夫都会不高兴，当她想买几件漂亮衣服，跟丈夫要钱时，丈夫冲她吼："想要钱，你自己去赚！我没钱！"

小月这才意识到，当她不断向丈夫伸手要钱时，她的尊严会被丈夫一次次践踏。后来她闺密的话提醒了她，让她意识到女性经济独立的重要性，于是开始寻找事业机会。后来小月遇到了一个社交电商品牌，开始了移动互联网创业，并有了自己的团队，事业越做越好，更重要的是，这期间她成长了很多。当丈夫失业后，她整合了丈夫，让丈夫成了自己的下级，帮助丈夫东山再起。

由此可见，女性经济独立有多么重要。毕竟，经济基础决定上层建筑。当然经济独立的前提是思想独立，经济独立也需要一个过程。很多全职妈妈为了照顾家庭，与社会脱节已经很久，没有一技之长，刚开始很难跟上社会的节奏，也很难适应这个社会。这就需要她们思想独立，转变观念，愿意改变，然后迈出第一步，开始去学习，去提升自己。

当你不断提升自己，不断获得成长的时候，你自然会找到适合你的事业机会。而且不断成长之后，你的面目会焕然一新，不仅让丈夫刮目相看，连孩子也会觉得你这个母亲进步了，能与他同频了，也更愿意和你交流。

女性如何做到经济独立？

思想独立

正如前面所说，思想独立是经济独立的基础。

明确自己的商业模式

女性个体本身也有商业模式，具体分为以下三种：

第一种，个体的一份时间出售一次。

第二种，个体的一份时间出售多次。

第三种，购买他人的时间并出售。

弄清楚自己的商业模式是女性创业、赚钱的前提。否则，你赚的是稀里糊涂的钱，无法形成自己独特的核心竞争力，让自己变得更值钱。

学会赚钱

弄明白商业模式之后，我们就要开始学会赚钱了。当今社会，要想赚到钱，无非是运用上面三种商业模式赚钱。具体而言，则是通过上班、创业、投资来实现。

刚开始走入社会时，建议女性先找一份工作赚钱养家，同时修炼自己的专业技能。

当有了一定的资源、人脉和经验之后，很多女性开始不甘心坐班，于是考虑创业。创业有风险，如何才能提升创业成功率，本书相关章节会详细阐述。

投资则是在有了一定金钱储备后很多女性会尝试的事。不一定非得是创业赚到大钱后才能投资，上班赚的钱或在家做全职太太掌管的丈夫的钱，都可以用于投资。投资是个技术活，但其核心其实是对人性的洞察和锤炼。

思考致富

边赚钱边思考的女性会洞察常人未发现的机会，赚到更多钱，尽早实现经济独立。

3. 人格独立：女性独立的魅力

人格独立是指人的独立性、自主性和创造性。它要求女性不依赖于外在的精神权威，内心足够强大，在追求真理的过程中具有独立判断的能力。

人格独立要求女性能意识到，你是个独立的个体，不是家庭、丈夫、孩子和父母的依附。你就是你，你是一个伟大的个体，你有独立的思想、独立的人格，你是你自己的神。

很多女性会将自己当作孩子和丈夫的依附，没有独立的意识，独立的人格，生活、生命都是围绕着丈夫、孩子转，成为围着孩子、丈夫、厨房转的"三围"女人。这些女性从没有想过，她们能够作为一个独立的个体，可以有自己的思想，自己的生活，自己的事业，自己的社交圈，自己的精彩人生。而一旦她们发现人格独立的好处后，她们会迅速成长，而她们也会变得更有魅力！

独立人格就像一颗种子，只有长成大树，才能直面狂风暴雨，才会获得亲近和尊重。

简而言之，一个人有自己的价值观，且能根据自己的价值观做出人生选择，并且做到言行一致，对自己的选择负责，这样的人格便是独立人格。

如何培养人格独立？分以下四步走：

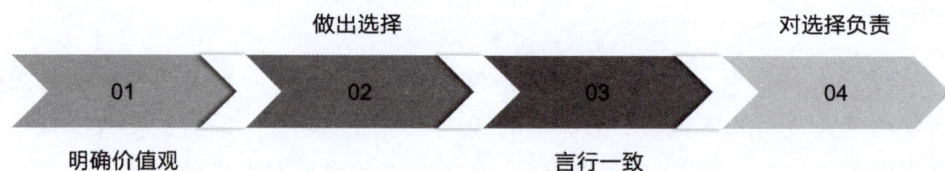

做出选择			对选择负责
01	02	03	04
明确价值观		言行一致	

培养人格独立的步骤

第一步，明确自己的价值观，即认清自己。

第二步，根据价值观进行选择，即做好人生决策。

第三步，言行一致，即将自己的决策付诸实践，并成为一个重承诺的人。

第四步，对自己的选择负责，即成为一个成熟的人，对结果负责。这是人格独立的核心环节。

4. 精神独立：女性独立的灵魂

精神独立，意味着情感独立。

精神独立离不开思想独立、经济独立。只有你的思想独立了，你才会意识到精神独立，而只有经济独立之后，你才能有精神独立的基础，而经济独立也可以促进你的人格独立和精神独立。

艾米粒在经济没有独立之前，她想得更多的是养育好孩子，照顾好丈夫，很少为自己着想。但在她意识觉醒后，有了自己的事业。经济独立了，她才发现，原来她可以过得更精彩，更幸福，可以为家庭提供更好的生活。更重要的是，她的精神更加自由了，甚至升华了人格。

她发现，除了家庭，她还可以有自己的团队和社交圈，还可以帮助更多女性成功，让她们更加独立，生活过得更好。而且她还可以为这个社会做出更大的贡献。当她精神独立之后，她发现自己是一个自由的灵魂，是一个独立的个体，精神层面上她不属于任何人，她只属于她自己。

精神独立的女性，更加自信，从容，美丽，能够活出真我！

那么，如何才能实现精神独立呢？

能独立思考

思想独立是女性独立的基石，没有这个基础，女性的独立无从谈起。具体内容参考思想独立部分。

能换位思考

学会换位思考，你才能理解这个社会的游戏规则，玩好人生这场游戏。具体内容见后续章节。

经济独立

经济基础决定上层建筑。

独立于原生家庭

很多女性（包括男性）受原生家庭环境影响而无法获得独立，因此女性要能正确对待自己与原生家庭的关系。核心原则是，独立、互助，但不被原生家庭牵累（电视剧《欢乐颂》中的樊胜美是此方面最好的案例）。健康的关系是，你和原生家庭之间互相依靠，可以从彼此身上获取养分，一起成长，但并不过分依赖。

现代女性的三重境界，你在第几重？

现代女性在事业发展过程中，会经历三重境界。

1. 感性境界：越努力越幸运

很多现代女性为事业努力拼搏的背后，主要是为了让自己经济独立，让丈夫和孩子看到她的改变和成长，提升自己在家庭中的地位。部分女性是为了改善家庭条件，让孩子有更好的生活，接受更好的教育。此时她们处于感性境界。她们付出和努力的动力主要源于自己和家庭。

我采访过的很多宝妈，刚开始的动机很简单，就是想寻找一份能让自己经济独立的事业，这样可以提升自己在家中的地位，让丈夫和公婆瞧得起自己，同时适当改善家庭生活。

感性境界的基础仍然是思想独立、经济独立、人格独立和精神独立，否则女性无法获得快速成长，反而会陷于原生家庭中不能自拔，甚至被逐渐蚕食。

2. 理性境界：成人就是达己

很多现代女性有了事业之后，慢慢地有了自己的团队，这时她们的事业不再单纯只是为了自己和家庭。她们发现，有责任去帮助和成就更多的团队伙伴，让她们实现独立，帮助她们改善个人生活和家庭生活。此时她们处于理性境界，付出和努力的动力主要源于团队伙伴。

女性企业家艾米粒，刚开始是想寻求事业独立，但当她有了万人团队之后，她开始意识到她需要和团队一起成长，她有责任帮助更多需要事业独立的女性成长、提升。正是因为有了这样的动力，她开始为团队的伙伴们提供更丰富的活动，更好的教育，更多的福利。她真心希望自己的团队伙伴能快速成长，去主宰自己的命运，拥有精彩的人生。

处于理性境界的女性既能与家庭和睦相处，又能和团队互助成长，并帮助和成就众多团队伙伴。正所谓成人达己。

3. 社会责任境界：大庇天下寒士

有些现代女性除了为个人、家庭、团队打拼，还为这个社会奋斗。因为她们发现，这个社会上有很多需要帮助的人。她们发现，很多孩子因为家境贫寒，读不起书；很多家庭因病返贫，看不起病；很多孤寡老人，因为无人照料，不能安享晚年；很多女性因为经济不独立，在家中地位低下，生活在阴霾之中。

这个社会有太多需要帮助的人。当我们拥有了事业，有了经济能力之后，我们可以为这个社会贡献自己的一份绵薄之力，让这个社会多一分温暖，少一分寒冷，变得更美好。

这个世界有太多值得我们为之奋斗的人和事。

这一层境界关注的是社会责任，这是人生的最高境界。此时我们已具有了圣人的智慧、觉悟、胸怀、格局，付出和努力的动力主要源于社会责任、使命感。

比如艾米粒以及我采访过的现代女性企业家——慧子老师、细莫创始人莫静波、阿米日记创始人韦雅妮等现代女性，她们现在更注重的是为社会做贡献，帮助社会上诸多需要帮助的人。这些不仅已成为她们和企业的使命、价值观，也成了她们奋斗的动力。

也许就是因为你的一份捐赠，一份关怀，这个社会上可能就少了一个失学儿童，多了一个社会栋梁；也许就是因为你的一个行动，一份问候，这个社会上可能就少了一个孤寡老人，多了一个能安享晚年的老人。

感性、理性、社会责任这三重境界，有时候会有所重叠，更多时候，这些境界伴随着女性经济实力和思想境界的提升而上升。

《摔跤吧！爸爸》这部影片的口碑、票房取得了双丰收。影片伊始，阿米尔·汗扮演的父亲只是想让两个女儿实现他的世界冠军梦，于是逼迫两个女儿苦练摔跤。后来，父亲发现，他更希望女儿们成为摔跤冠军，进而能掌控自己的命运，不再任人主宰。这时候他处于感性境界，他训练女儿的主要动力，是想圆自己的世界冠军梦和改变两个女儿的命运。

但随着女儿摔跤技术的不断提升，离世界冠军越来越近时，父亲也跟着成长了。他突然意识到，女儿获得世界冠军，不仅仅可以改变自己的命运，还可以影响当地的女孩。这些女孩会以他的女儿为榜样，为了改变命运、主宰命运，她们会去学习摔跤，学习其他技能，通过事业独立来实现人生和命运的逆转。这时他已从感性境界上升到理性境界。他训练女儿的主要动力是想让女儿成为当地女孩的榜样，影响和改变更多女孩的命运。

影片尾声，当大女儿即将为世界冠军梦踏上征途时，阿米尔·汗对她说，她现在已不只是为自己拼搏，也是为了更多落后地区的女性而奋斗。如果她能获得世界冠军，她将影响并激励更多女性主宰自己的命运。此时他已上升到社会责任境界。他让女儿夺冠，是想影响并激励全印度甚至全世界更多女性，主宰自己的命运。

给现代女性的肺腑之言

1. 未婚女性：女性最大的资本是什么？

这个社会给女性贴了很多标签，如"女汉子""女强人""剩女""齐天大剩"和"恨嫁女"等，给了女性很大的压力。现在女性，无论情感还是职场方面都属于相对弱势的群体。在职场方面，女性还有很多可提升的空间，潜力很大。

未婚女性，要有自己的一技之长，有自己的事业。只有经济独立了，你才能找到更好的另一半，才能在男友面前保持独立，才有机会保持爱情的独立。

很多女性总想找一个"高富帅"，想嫁入豪门，不想靠自己奋斗，这种想法无可厚非。但如果你知道很多女性嫁给有钱人、没有独立事业的处境后，你也许会重新考虑。

女孩，当你结婚后，婆家人如果希望你做家庭主妇，你一定不能放弃自己的事业，因为你的事业将是你未来婚姻是否幸福，能否实现经济独立、人格独立、精神独立的重要保证。

2. 已婚女性：你的男人真的靠得住吗？

很多女性结婚后，尤其是有了孩子后，在孩子和丈夫面前失去了自我。

已婚女性，最重要的是保持自我，时时倾听自己的内心，诚实地面对自己的感受和欲念，选择自己想要的，不曲意承欢，不委曲求全，不刻意讨好别人而压抑自己。现代女性，只有先爱自己，才能真正了解爱的真谛，也才有能力去爱一个男人，保证彼此在"爱"中不受伤害。

很多女性为了照顾家庭，丈夫或公婆会要求她们辞职，做全职主妇。很多女性都有自己的事业，往往不会情愿，此时会陷入两难的处境：一方面不想放弃现有的事业，失去现有的社交圈；一方面又经不住丈夫或公婆的劝说。她们最终没有坚持住，选择放弃事业。而部分女性本身事业心不强，不想上班，只想依靠丈夫生活（如电视剧《我的前半生》中的罗子君），巴不得可以做个全职妈妈，不用再辛苦上班了。

但全职主妇真的那么好当吗？

由于没有事业，没有收入来源，经济不独立，要依靠丈夫生活，全职主妇在夫家地位往往很低。很多全职主妇除了被公婆看不起，还要看丈夫的脸色。丈夫婚前也许对你是真感情，但在你成为家庭主妇后，没有收入，加上长期围绕丈夫、孩子、家庭转，没有自己的社交圈，而且很多全职主妇不再学习，不再成长，与社会完全脱节。渐渐的，丈夫与你的共同语言越来越少，感情也越来越淡，日久天长，丈夫出轨的概率在不断提升。女性发现丈夫出轨时，会越想越气，不理解为什么自己为家庭付出全部心血，他还会出轨。有些主妇还会采取行动，但行动往往以失败告终。因为女性要靠男性养，丈夫压根不怕妻子，甚至还会理直气壮，而且有些男性还会以离婚威胁妻子。此时很多女性为了维持婚姻，往往会妥协，不再管丈夫，放纵他。

对于全职主妇来说，最可怕的还不是丈夫看不起她，而是孩子瞧不起自己。

我身边有个朋友，她的女儿看不起她这个母亲，即使她为了这个家庭放弃事业成为全职主妇。别怪孩子不理解你的付出。首先孩子的父亲不尊重母亲，孩子都看在眼里，也学会了不尊重她。其次，很多人并不尊重无薪劳动，认为养育孩子的劳动一文不值，这个家庭所有的钱都应该是资产方的，妈妈是在花"别人的钱"——哪怕这个"别人"是她的丈夫。

这样的母亲，在这种偏见面前，腰杆怎么能挺得直？

我身边也有这样一位宝妈，她的孩子嫌她啥都不会，连 QQ 和微信都不会用，没有任何共同语言。这位宝妈就是在孩子这些话的刺激下，下定决心改变自己，开始学习，提升自己，并借助移动互联网创业，拥有了自己的事业。孩子看到母亲的成长后，改变了对母亲的态度，母子间的交流也增多了。

已婚女性既要照顾家庭，还要兼顾事业，付出的并不比男性少，很不容易。其实女性要求并不高，只要丈夫对她好一点，体贴一点，给她一些安全感，她便会将全部身心放到家庭上。你给她一批树苗，她将还你一片森林。

现代女性，当你遇到任何困难时，你都要记住，无论如何，都要经济独立，保持自我，这样你才能在丈夫和孩子面前保持自己的尊严。此外，女性一定要不断提升自己，让自己不断成长，与这个社会同步，与家人、丈夫、孩子同步成长，与他们同频，这样你和他们的关系才会更加和谐融洽。因为很多男人其实并不在意女人能赚多少钱，而是希望看到女人改变，内在、外在都在成长。

3. 产后抑郁女性：宝妈如何远离抑郁？

和许多即将成为父母的人一样，韩梅梅和丈夫李雷为宝宝的降生做好了充分的准备，貌似一切都尽在掌握。虽然儿子的出生让她在产后第一个月备感幸福，但是很快她就开始情绪低落，甚至在很疲劳时也难以安睡。韩梅梅尽量调节自己，但现在她竟然会为了芝麻大的小事毫无缘由地大哭一场。

韩梅梅越想越怕，也经常拿自己和其他妈妈比较：为什么别人生完孩子还是那么漂亮、苗条、光鲜亮丽？为什么别人就天生懂得怎么当一个好妈妈？为什么别人做起事情来毫不费力？

她开始不断指责自己：为什么我什么也做不好？为什么我总是这么压抑、焦躁不安？为什么丈夫不能多体谅我一下，不能和我一起照顾宝宝？就是给我一些精神支持也好啊！

李雷当然对妻子全力支持，但随着韩梅梅抑郁的情况越来越糟，李雷觉得她越来越不可理喻，并觉得自己分身乏术：韩梅梅需要什么？宝宝需要什么？为什么韩梅梅就不能振作起来，像其他新妈妈那样坚强呢？

听起来很熟悉吧？

不管婚姻幸福与否，产后抑郁症总是频频出现，不只顺产的女性避免不了，难产或剖宫产的女性也逃脱不掉。产后抑郁不仅会给新妈妈带来身体上的伤害，还会带来精神上的折磨。朋友和家人好心帮忙，却好像总也不能让产妇满意，因此他们会倍感受挫，从而抽身退离得远远的。新妈妈得到的帮助也因此越来越少，从而陷入恶性循环。

在当下社会，男性和女性都活得不容易，但男女各自面对的困难不同。男性面对的困难更多是经济、社会等显性压力，而女性面对的则主要是被物化、被歧视的压力。因此，情绪困扰，生孩子的疼痛，妊娠前后雌激素、甲状腺激素和多巴胺等体内激素水平的急剧变化，可能是导致产后抑郁的重要原因。

产后抑郁症有很多治疗方法，女性可以优先选择参加产后妈妈的社群，通过群体活动、沟通和互助，许多女性都可以从产后抑郁中走出来。

此外，由于体内激素水平失调是女性产后抑郁的重要因素，因此激素治疗可以帮助女性大大缓解产后抑郁。而现在临床上也会将三环类抗抑郁药用于产后抑郁的治疗，研究发现，即使母亲处在哺乳期，服用该类药物后，对母乳也不会有影响，更不会对婴儿产生伤害。

除了药物治疗，情感支持格外重要。因为患者有强烈的无助感，所以亲人（尤其是丈夫）、朋友的关怀和体贴是必需的。

产后抑郁不可怕，但让任何一个女性独自应对产后抑郁带来的无助与绝望感，足够摧毁她千万次！

4. 离异女性：如何走出低谷获得幸福？

很多女性太依赖家庭，太依赖丈夫，在她们心中，丈夫就是她的天。一旦遇到婚变，婚姻失败，她们会觉得天塌下来了。有些女性为孩子、为男人付出太多，离婚时并不甘心，因此长期不能从阴影中走出来，到头来还是苦了自己。

所以，离异女性最需要的是接受现实，面对现实。你要知道，婚姻只是人生的一部分，并非全部。没有婚姻，没有男性依赖，你一样可以拥有自己精彩的人生、精彩的圈子、精彩的生活。

离异女性需要接纳自己，不能因为婚姻失败，而彻底否定自己。因为婚姻的失败，并非你一人的责任，而是双方的问题。

当事情已经发生，无法挽回时，你需要尽快调整自己，走出低谷。光拿得起还不行，还要放得下。就好像举重，你不仅要将杠铃举起来，还要能安全地放下去，这才是成功。我们要有这样的心态。

此外，要学会一切向内求，你要意识到自己的不足，自己需要改变，需要学习，需要提升，需要快速成长。

我有个好朋友，她很爱自己的丈夫，本想和丈夫白头偕老，但有孩子后，丈夫出轨了。一开始她并不想让外人知道这一切，于是和丈夫约法三章，只要他不再和其他女人来往，她可以原谅他。但丈夫并没有收敛，仍和其他女人有瓜葛。她忍无可忍，最终选择与其离婚。一开始丈夫还指望靠她家族的势力发展自己的事业，不肯离婚，但她对他已经伤心透顶，坚持己见。丈夫无奈，只得同意离婚。

离婚后，她因为有自己的事业，活得很精彩。不久，她又遇到了自己的爱情，男方对她很好，她活得更加精彩，更加洒脱。之前那段失败的婚姻已成为往事。

但很多女性并没有我这位朋友那么幸运，她们婚后对丈夫太依赖，没有自己的事业，没有自己的一技之长，与社会脱节，失去了生存能力。很多女性除了生儿育女、做家务，几乎什么都不会。当婚姻失败时，她们整个人都懵了，不知道如何生存，如何养活自己。

这时候，你需要做的是，先接受现实，尽快从低谷中走出来。然后，你需要向内求，改变自己，通过学习提升自己，让自己尽快成长。当你有了一技之长后，你便可以拥有自己的事业，改善自己的生活。当你的事业越来越精彩时，你会有更多的选择，更多的可能。

5. 全职主妇：如何提升价值感不抑郁？

我之所以将全职主妇和单亲妈妈单独列出来，是因为这两个群体日益庞大，而且会遇到更多艰辛，对社会产生的影响日益增大。

全职主妇因为社交圈窄、地位不高、生活重心单一、可以交流的对象太少等原因，抑郁症发病率有增高趋势。其中有了孩子后的全职主妇因为生理、心理因素的综合影响，是抑郁症的高发人群。现实中，我们经常能听说宝妈自杀或宝妈带着孩子自杀的新闻，其中抑郁症是悲剧发生的重要推手。

降低全职主妇抑郁症的发病率，减轻抑郁症病情，除了需要家人多关心她们，多聆听她们的倾诉，还需要社会的心理支援。

最关键的是，全职主妇要有自己的事业。这就需要女性在做全职主妇过程中能与社会同步，拥有自己的一技之长。当你能从生活中抽身出来时，将身心投入到事业和社交中，事业和人际交往带来的安全感和温馨感将帮你远离孤独，减轻甚至消除抑郁症。

6. 单亲妈妈：如何走出阴影重获爱情

随着社会的进步，离婚率不断攀升，单亲妈妈也越来越多。我所在的创业公司就有不少单亲妈妈，所以我对这个群体印象很深。

单亲妈妈这个群体其实相当不易，女性一方面要养活自己和孩子，还要兼顾孩子的教育。毕竟像电视剧《我的前半生》中罗子君那样好运的单亲妈妈不多。

单亲妈妈如何活出精彩？

尽快从离婚的阴影中走出来
这一点不太容易，但相信时间是最好的良药。上一段婚姻只是为了历练你，让你看清人生。

让自己强大起来
强大自己，经营好自己的事业和生活将让你活得更精彩。我身边就有很多单亲妈妈，事业经营得很棒，丝毫不逊色于男性。

有自己的伙伴
这个伙伴可以是女性，也可以是男性。伙伴在你遇到困难时可以给你出主意，也可以倾听你内心的秘密。每个人都需要有人支持，单亲妈妈尤其如此。

寻找对的另一半

上一段婚姻的失败不能夺走我们追寻爱情、享受爱情的权利。但建议单亲妈妈再次开始恋爱时一定要找对人。不能因为是单亲妈妈而降低要求。

单亲妈妈和全职主妇是我关注的主要人群之一，近期我将推出相关题材的院线电影。我的电影将反映这些女性的现实处境，用真实、真诚的故事打动人心。

关于现代女性的九大预言

根据我在现代女性领域的研究，对现代女性的未来做出了九大预测。

1. 优秀的现代女性越来越多

随着女性独立意识的觉醒，受教育程度的提升，会涌现出越来越多优秀的现代女性。现代女性的增多，会让这个社会变得更加美好。

而且，政府和社会都在推动现代女性的崛起。

这一切都意味着，女性的生存环境和职场环境将会变得更好。但这一切离不开更多有识之士的努力和推动。我也将尽我所能，推动现代女性的崛起。

2. 女性领导者将不断涌现

早在 1992 年管理学大师及未来学家约翰·奈斯比特，就在其《女性大趋势》一书中指出：女性在劳动力市场上的弱势时代即将过去，女性管理者是未来组织发展最需要的力量。

2015 年，美国《外交政策》杂志公布了"全球百大思想者"名单。名单显示，2015 年，共有 125 人登上了"全球百大思想者"名单，其中有 63 名女性和 62 名男性，也就是说，入选的女性有史以来首次超过了男性。2016 年，美国的一份研究报告显示，2016 年女性成为美国劳动力的多数，并且她们逐渐开始主导很多职业。在美国，目前超过 50% 的经理是女性。预计在未来十年中发展最快的 15 个行业中，有 13 个行业将被女性主导。

今后，随着女性经济活动参与度的不断提高，女性领导力势必将更为凸显和重要，而以共享和分享为主导的经济发展模式的转变，也让女性领导力的特质有了更大的施展空间。

随着现代女性的崛起，女性在职场中的话语权会越来越大。

丹尼尔·平克在《全新思维》一书中提到："世界已从过去的高理性的时代，进入到一个高感性和高概念的时代。在这个时代有 6 种能力非常稀缺且更重要，分别是：设计能力、共情能力、讲故事能力、整合能力、娱乐能力和挖掘意义能力。"

而女性在这方面比男性更有优势。在数字化时代、人工智能时代，女性在这方面的优势将会更明显更突出。如目前，斯坦福大学一名女性华人教授李飞飞，在国际人工智能研究领域处于领先的地位。

未来，会出现更多像李飞飞、董明珠、杨澜、董卿以及安迪（《欢乐颂》中的优秀女性）这样优秀的现代女性。而且这些优秀现代女性的出现，会成为更多女性的榜样，进一步促进现代女性的崛起。

此外，这些现代女性也会发挥自身的力量，通过自身的影响力，大量举办相关社会活动，推动现代女性的崛起。

3. 会出现女版"马云"

受各种因素的影响，尤其是传统创业方式的桎梏，女性的天赋受到很大限制，因此各种超级企业家以男性为主，女性是凤毛麟角。但随着移动互联网时代、数字化时代和人工智能时代的到来，这一切将会发生改变。未来，会有女版"马云"，通过新技术、新的商业模式颠覆一切，实现换道超车，成为超级企业家，甚至成为世界首富。

4. 晚婚的女性越来越多

当代很多女性在大学毕业后还会选择读硕、读博深造，这是女性晚婚的一个重要因素。此外，事业的独立，为现代女性提供了更多的发展空间；生活方式的丰富多彩，为现代女性提供了更广阔的选择空间。当女性意识到结婚并非唯一的选择后，早早结婚不再是现代女性的首选和必需，晚婚甚至不婚的现代女性将越来越多。"围城"的概念将日渐淡薄，现代女性会对婚姻谨慎思考后再作选择。只有当两个人真正适合彼此、灵魂契合，他们才会走进婚姻的殿堂。

5. 女性不婚族将增加

未来，女性不婚族会不断增加。

有一些现代女性为了追求更大的自由发展空间，干脆选择独身。此外，当女性变得更加优秀时，她对男性的要求也会越来越高，当社会上没有足够数量的优秀男性可以匹配时，很多女性会选择单身，而不是将就。

部分女性婚后如果不能从婚姻中获得幸福，她会选择离婚，而不是为了孩子，或维持婚姻的完整而委屈自己。很多现代女性因为事业独立，她会发现，离开男人之后，她反而可以过得更好。这些女性离异后，如果遇到更优秀的男性，可能会选择再次结婚。但如果遇不到合适的男性，她可能会选择一直单身。

6. 女权之争将愈演愈烈

其实，有关女权的争论一直没有停止，隔一段时间便会响起。只是，随着现代女性时代的到来，这些争论将会更频繁，影响将会更大。

那是不是争论将无休无止？未必，当现代女性在世界上的影响力大到足以抗衡男性，有关女权的争论将会停止。因为一切已成事实。

不管男性们是否愿意接受现代女性崛起这个事实，这一切都将发生，且不以人的意志为转移。就好比，不管你是否希望人工智能时代来临，它一定会到来，势不可挡。

至于未来"丈夫在家帮孩子换好尿布、做好饭菜，等着晚归的妻子回来"这一现象是否会成为普遍现实，我不确定。

我只能说，一切皆有可能。

7. 女子院校越来越多

未来，将会出现更多女子中学和女子大学。这些女子院校以培养现代女性为己任，根据女性的特点进行课程设置，核心是要发扬女性身上的特质，激发女性的潜力。

未来只有那些能进行差异化教学、将女性作为一个独立个体对待和培养的女子院校才能吸引更多人才加盟，吸引更多优秀女性就读，也才能在众多院校中脱颖而出，成为一道亮丽的风景。

8. 女性社群将遍地开花

不久的未来，像"木兰汇"这样的女性社群将遍布全中国甚至全世界。这些女性社群以现代女性为主导力量，那些期望成为现代女性的潜在女性们也会加入其中。这些女性社群不仅注重女性创业，更注重女性个体的成长和崛起。由于女性天生善于社交和分享，这些女性社群将会迅速裂变，在推动全世界更多女性成为思想独立、经济独立、人格独立、精神独立的进程中成为主力军。

千万不要小看女性的力量，这将是一股"洪荒之力"。

9. 现代女性文化将成为潮流

未来，有关现代女性的书籍和影视剧将如潮水般涌现，这一定程度上将扩大现代女性运动和现代女性文化的影响力，推动现代女性的崛起。

未来，为女性专门定制的汽车、手机、人工智能等科技产品将大有市场。

| 第 2 章 |
女性急速成长之路：低谷中崛起

女性并不需要比男性更厉害，而是要让她们自己更强大。

每个人都有人生低谷

每个人都会经历人生低谷，包括那些成功人士。

在低谷期，你是自甘堕落、平庸；还是拥抱乐观、继续追梦，相信奇迹即将发生，然后从痛苦中寻找新的机会？

1. 我的人生低谷期

研究生学习生涯刚结束的那段时间，我（殷中军）很迷茫，对自己的未来充满焦虑，不知道自己以后该干什么。我的情绪很不稳定，每天一早醒来就发呆。那段时间我的工作不稳定，准确来说是事业没有确定好方向，还没有起步。

研三期间发生的一些事情彻底改变了我的人生方向，而且已无扭转的可能。于是我开始不断思考自己到底该何去何从，到底该如何开始自己的事业。那段时间我也面试了几家公司，但不是很顺利，并没遇到自己心仪的公司。后来为了给女朋友一个交待，我去了一家医疗公司。那家公司并没有给我太多的安全感和归属感，主要是因为工作不是我喜欢的，我压根不甘心把自己的人生耗在这份工作中。于是这期间我一边上班，一边大量阅读，思索着自己的事业方向。

当我认真读完拿破仑·希尔的一系列书之后，突然有种顿悟的感觉，明确了自己的事业方向——当电影导演。仔细想想，一切好像是冥冥之中注定的，大学时我就曾对文学社的伙伴说我以后要当导演，她当初只当是玩笑。谁知机缘巧合，在南京大学读研期间，南京大学医学院附属鼓楼医院妇产科要拍摄一部廉政教育微电影，同学推荐我扮演影片中的男主角。

在导演的专业指导下，我在处女作中的表演还算顺利。虽然我后来又参演了一些电影，但这部处女作是我初次和电影亲密接触，别有一番滋味，也让我大学时想当导演的思想种子开始发芽。该片后来获得了南京市卫生系统廉政教育电影一等奖。

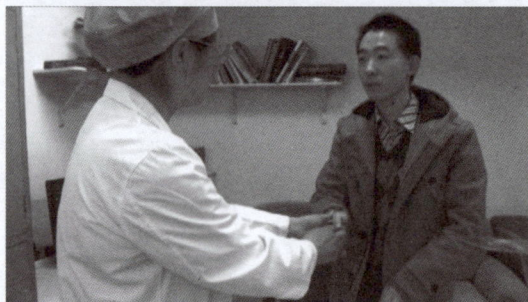

殷中军读研期间主演的微电影剧照

自从我确定好要进入影视行业当电影导演之后，我开始自学写剧本。

因为我很清楚，我不是科班出身，想一步到位直接当导演难度很大，而写剧本是个不错的过度。

我开始阅读大量书籍，从中学会如何写第一个剧本。但写第一个剧本还是有难度的，好在我咬牙坚持了下来，写出了自己的第一部长电影（院线电影）剧本《失恋特烦恼》，不久又写出第二部、第三部长电影剧本。我当初的目标很明确，就是用好莱坞那套讲故事的方法来讲一个中国化的故事。

青春喜剧院线电影《失恋特烦恼》剧本及项目方案

我写的第一部院线电影剧本——青春喜剧《失恋特烦恼》剧本在 2015 年就完稿了，又经不断打磨，现在已打磨到第十五稿。电影宣传语是"感谢让我失恋的前任"。为了便于传播，也便于读者对故事有个更为全面和直观的了解，在家人的建议下，我在剧本的基础上写成了小说。小说和剧本一脉相承，均采用好莱坞类型片常用的叙事结构和情节点叙事方法，故事中存在很多情理之中、意料之外的剧情，最后主题呈现一定的升华。故事充满了正能量，主人公性格鲜明，并最终获得了成长。因为好莱坞类型片是已被证明很成功的讲故事方式，比如《我不是药神》《无间道》《北京遇上西雅图》《泰囧》《大圣归来》《夏洛特烦恼》《羞羞的铁拳》和《前任》等中国大热影片，采用的都是好莱坞类型片的叙事方式，讲述了一个中国化的故事。

为何我对《失恋特烦恼》的市场如此有信心？因为它有如下几大亮点和优势。

第一，电影票房的影响因素：题材＞内容＞明星。本电影剧本属于青春喜剧，很有观众缘。

第二，男版 / 大学生版《失恋 33 天》大获成功。

第三，失恋和前任一样，都是社会性的大话题，在年轻人中有群众基础，很容易引起共鸣。

第四，反映大学生失恋的电影比较稀缺。

第五，故事以我在南京大学的真实生活及去厦门旅行途中的切身体验为原型，足够打动人心。

第六，电影中至少有四处以上情理之中、意料之外的反转（借鉴了李安的《饮食男女》），能为本影片加分很多。

学会写剧本后，我离开了那家医疗公司，开始去应聘影视公司。南京有实力的正规影视公司并不多。在付出一定的努力之后我找到了一家公司，这家影视公司出品过一些电视剧作品，孙红雷、陈小艺、张嘉译主演的《半路夫妻》就是这家公司发行的，据说老板因为这部剧赚了几千万元。我心想进了这家公司，我正好有了用武之地，也符合我的兴趣和事业发展方向。于是很快办了入职手续。

在这家公司工作了一段时间，正好遇到一部与 CCTV-6 电影频道合作的数字电影要开拍。公司老板安排我改编之前的电影剧本，说到时算我的编剧作品。后来确实也如老板所言，他带我去了投资公司，让我签了编剧协议。该电影我是唯一的署名编剧，我自然很兴奋。

影视圈是靠作品说话的，我知道一部电影作品对于小编剧的重要性。在这部电影剧本上我花了很多心血，老板又催着要剧本，我便加班加点弄出了剧本。我本来以为自己运气比较好，刚进影视圈就能有自己的作品，我开始感恩我遇到了生命中的贵人。然而，后面的事态发展有点出乎我的意料。

剧本上交后没多久，老板提出了修改意见，并说电影急着在2015年9月开拍，催我抓紧时间修改剧本。我按照老板的要求尽快修改剧本，修改完发给他。老板找了一个南京的导演，想让他导这部戏。结果我和这位导演深入交流时，发现这位导演连好莱坞经典的三幕剧都不知道，而且还以此为荣，讥讽我不是影视专业编剧科班出身。临了，此导演提了一些不靠谱的修改意见。

但没办法，影视圈向来靠话语权说话。于是我尽量按照此导演的要求修改了剧本。等老板出差回来看完剧本，又说换了一名导演，该导演是CCTV-6电影频道的签约导演，他又提了一些要求。我看了这些要求，发现整个剧本的情节走向、角色定位、故事结局大变，几乎得推翻重写。

我有苦难言，因为我深知影视圈很多时候是导演说了算，导演与导演之间的想法千差万别，每换一个导演，剧本必然要大换血。好在我自己心中有数，于是我继续按照新导演的要求修改剧本。

即便如此，剧本修改完后，这名导演又以各种借口拖延筹拍电影事宜，最后老板只得再找其他导演。这次导演倒是找到了，合同也签了，我作为编剧也签了合同。但没想到后面却再次出事。某天投资这部电影的投资公司打电话给我，说要起诉我公司的老板。我这才获悉，老板竟然把投资的大部分钱私吞了。

遭遇到这一系列不靠谱的事情后，我对影视圈了解了不少。而后我离开了这家影视公司，开始宅在家里写剧本，想找机会组建自己的团队，同时再拉投资拍摄自己的剧本。为了积累导演经验，期间我编剧并导演过一些微电影，认识了不少志同道合的影视朋友，其中一些演员、导演朋友还参加过《人民的名义》等重要影视剧的拍摄。

我和好友、红遍大江南北的《三生三世》的作词者代岳东一起交流

　　上面这张照片是我受北京某女制片人朋友之邀，去和她谈我的剧本《换身男女》的合作事宜时，与红遍大江南北的《三生三世》的作词者代岳东的合影。那时的我还算"丰满"。彼时，该女制片人朋友在厦门拍摄一部网络大电影，她帮我订了去厦门的机票，邀请我去她的剧组探班并谈合作。期间我认识了很多朋友，如主演过《放羊的星星》的男星李威，还有就是该部电影的主题曲作词者岳东。

　　然而，理想是丰满的，现实是骨感的，这期间我经历了多件让我啼笑皆非的事。有影视公司要购买我的剧本版权，或投拍我的剧本，让我当导演，但最后都是关键时候没了音讯，不了了之。

　　影视圈和其他行业很不一样，在你没混出来之前，养活自己都很难，因此最后转行的很多，真正像李安那样能坚持六年艰苦生活的并不多。这段时间算是我人生的谷底，因为我没有稳定的收入，事业也没有起步，活得很不如意。好在我的家人陪我一路走了过来。

　　其实很多人都遇到过人生低谷，尤其是在轻创业时。只是有些人通过自我激励，最终走出了谷底；而有些人则一蹶不振，从此丧失斗志，失去奋斗的动力和激情。

　　在我的信念中，人生低谷其实是上天对我们的考验，是为了成就我们。正是在人生低谷时，梁凯恩说他受够了，他奋力拼搏，创建了自己的"超越极限"；正是在人生低谷时，安东尼·罗宾想改变自己的人生窘境，想着法子学习，最终激发了他体内的无限潜能；正是在遭遇人生低谷时，史玉柱不想再这样屈辱下去，于是振作精神，东山再起，重新开创了一份大事业；正是在遭遇人生低谷时，马云对命运说"不"，才成就了后来的阿里巴巴。

成功其实很简单，就是告别过去，直面低谷，继续前行，走出谷底！

2. 如何与低谷期的自己相处？

如何与低谷期的自己相处？我相信很多人想过这个问题，但很少有人能把它想明白。每个人的一生都是起起伏伏的，不可能每天都是高潮，总会经历一段又一段的低谷期。尤其当你准备开始轻创业后，虽然不同于传统创业，它的压力和付出没有那么多，但与上班相比较，轻创业仍然会遇到各种挫折和低谷：你的时间如何安排？你如何处理好事业和家庭的关系？你以往的社交圈还要不要继续维护？你该如何把握这一段时间？如何掌控人生节奏？这一切源于对这个问题的回答和解读。

以往的人生，不论我们过得怎么样，都会随着时间的流逝烟消云散。懂得放下辉煌，直面低谷，这才是人生智慧。

那么面对低谷，我们具体该如何做？

有钱赚时赚钱，没钱赚时积蓄能量。

在人生低谷期，抓住一切机会去学习。没有谁不缺钱。但有时候你拼搏了很久，发现就是赚不到太多钱，有些人急了，自暴自弃。然而，如果你研究历史会发现，每个人都会遇到低谷期，很多成功人士，如史玉柱、马云、樊登等成功人士，他们都会在某段时间处于低谷期。这时该怎么办？认识形势，意识到这段时期你很可能在非赚钱的时期。你需要做的，不是怨天尤人，而是积累赚钱的能力，厚积薄发，把时间投资在将来让你更值钱的事情上，努力打磨自己的能力和核心竞争力。等机会来了，你自然会发现或遇到赚钱的机会。

怕就怕这段时期你什么都不干，或自甘堕落。即使好机会来了，你也没有能力把握住。所以，做任何事，传统创业也好，轻创业也罢，都需要耐心和积累，缺一不可。

李安导演在成为国际大导演之前，曾经有过六年的低谷期，那段时间他宅在家中，做个"家庭妇男"，没有人邀请他去做导演，他做其他事情又不灵光。

但李安毕竟是李安，他虽然没有那么多激情或自带"鸡血"，但也没有自暴自弃。他一边不断积累对生活的观察，一边在不断寻找机会。当他的两个剧本获奖后，他意识到机会来了，于是全力以赴，贴上自己的家当，拍出了《推手》，一举成名。

得到App创始人罗振宇，三十岁时开始意识到自己为什么而活，于是产生了一种特别的自觉，那就是抓住一切机会去学习。当时的很多事情他都不太愿意做，比如盯录制现场、审片子等本来该他做的事情，他都授权给别人做了。他就做一件他认为能在未来让他更值钱的事，那就是开策划会。为了策划题目，他会借助工作机会请各行各业的老师来教他知识。

彼时在央视的工资并不高，他过得并不宽裕。但是罗振宇抓住一切机会学习，这为后来罗振宇成为"罗胖"奠定了基础。央视的那段时间，是罗振宇的成长期，如果那段时间他每天只想着赚钱，而不是去学习、认真打磨自己的核心竞争力，那他是无法积累如此巨大的能量。

我现在并不相信什么一飞冲天、一鸣惊人，它们的背后其实是厚积薄发。你必须要先积累赚钱的能力，当在正确的时间里，自然会赚到钱。你的人生中有很多可以赚钱的时机，又有很多怎么努力都赚不到太多钱的时期，这时候你需要积蓄你的能量。这就是有钱赚时赚钱，没钱赚时蓄能。

3. 人生低谷期是你的逆势成长期

其实每个人都有低谷，这段时间做什么都看不到希望，焦虑、迷茫、低落是常态。那么我们该如何与人生低谷这段假期相处呢？

人生低谷期，享受不被需要的幸福。

一个人在赚钱的时期里最缺的是什么？是时间，因为他的时间太值钱了，无数人需要他的时间。

由此可见，低谷期也有它的完美，你高高在上时一堆人需要你，你人生不如意时就没太多人想你，这种不被需要有时候反而是一种幸福。你终于拥有了属于自己的独处时光，你该抓住机会享受这段时间。

人生低谷期，做没有时间做的事。

巅峰期的时候，你的每个小时都可以赚钱。人是贪婪的，赚钱没有终点，你不会觉得钱太多。这时你就是没有太多的时间，因为都忙着赚钱了。其实钱永远赚不够。

你要不停地把有限的时间瓜分掉，分给更多需要它的人。你要不停地招兵买马、推进业务、谈合作、演讲和接受采访等。你哪有多余时间来享受生活？哪有多余时间去做想做的事？

你想多陪陪妻子孩子，没时间；你想多孝敬父母，没时间；你想来一趟说走就走的旅行，没时间；你想读书、学习、写作，没时间；你要锻炼身体，没时间；你想探索人生的另外一些可能，没时间。因为你的时间成本太高！

所以，如果有一天人生低谷期来了，其实我们应该庆幸：我们刚好可以利用这段时间做自己想做的事情，为后期轻创业做准备。

塞翁失马，焉知非福。

每个人都有不如意的时候，都有低谷期。不同的是，有人在这段时间为未来积聚能量，有人怨天尤人。那么假期结束后，这两种人的结果岂能一样？

你可以享受这个长假，耐心做一点事，修身养性，等到长假结束后，你在假期的积累便会发挥威力。

我们学习如何应对低谷期，不是为了避免低谷期，因为每个人这一生都会遇到很多低谷期，无法避免。

我们学习，是为了一旦低谷期来了知道如何去应对。

人与人之间的差别，在于陷入低谷时，有的人自暴自弃，有的人厚积薄发。

爱上自己，在最美的时光里

在移动互联网创业的某段时期，我（艾米粒）的生活中充满了背叛、重击、嘲笑，这是我人生的低谷期。很多朋友都担心我，以各种方式陪伴和鼓励着我。我曾想过在大起大落之后，我是不是会就此消沉，从此黯然？但彼时的我却是平和的、温暖的、快乐的。这是因为有我的家人、朋友，不管我是何种身份，身在何处，他们对我的肯定、鼓励和爱让我觉得自己是美好的，世界是温暖的。

大多所谓爱自己的人，都只是在极力讨好自己，从物质上、私欲上满足自己，却从未真正懂得在理解的基础上爱自己。有一些人是因为不自信，认为自己不够好，又怎会懂得爱自己呢？还有一些人是因为太过于自信，认为自己什么都是最好的，所有好的也都应该属于自己。事实上她爱的只是好的东西，而并非自己。

爱上自己，首先要有自己独特的思想和个性，接受自己的缺点和不足，懂得真正的爱和欣赏。爱上自己说得简单，实际上它是一个很漫长的过程。

有那么一段时间我开始怀疑自己，看不清这个世界，甚至不知道我再继续下去，是不是真的对大家都好。梦想明明已经实现了，为什么又变得越来越远？是的，我也会迷茫，找不到自己了。

还是要感恩。感谢这段经历，让我重新回到最初，找回了自己，真正爱上了自己。感谢团队伙伴们，是你们在我离开后依然告诉我，我的优秀之处。是的，我不擅管理，不懂财务，不爱交际应酬，可那又怎样？我懂得每一个团队伙伴在创业过程中，每一步的辛酸苦辣，我知晓每个人对于梦想的执着和追求，我知道如何激发人心的美好和善意，这样的我就很好。

当我想明白这些后，我就释然了。虽然我离开了公司，我依然可以用我的方式继续去做喜欢的事情，就像现在这样给大家分享我的心情。我很庆幸在每一段迷茫的路上，总会遇到一些向上的力量支撑着我继续前行。我想将这种力量化成一股女性的温柔力量传递下去。

曾经我的梦想是，帮助那些和我一样想要改变命运的人。我原以为我已经把它丢失了，但是今天我的梦想依然在继续，只是它换了一种方式存在。每个女性都想做智慧与美貌并存的女子，可我只想做一个美丽温暖的女子，用我的经历陪你走过最艰难、最暗淡的路。

这就是现在的我：懂得欣赏自己的优点，能坦然面对自己的缺点，并且发自内心地想要去改变、去完善自己。每当新年伊始，我会给自己制定很多学习计划，只为在未来都能遇见更好的自己。

我相信这个世间真的存在一些人，即便未曾见面，仍可以彼此相知。即便没有过多的交谈，仍可以通过彼此的文字和语言，从彼此弯弯曲曲的心路中找到最终想要抵达的目的地。

相信我们总会在世界的某一个城市、某一片艳阳天里相遇，拍落彼此身上岁月流逝时遗落的尘埃，望着彼此疲惫却真诚的脸庞，露出温暖的笑容。愿大家都能找到最真实的自己，在最美好的时光里先爱上自己，然后爱上全世界。

灵魂不羁的女性，拒绝平庸

"优秀是一种习惯。"

这句话是古希腊哲学家亚里士多德的一句名言。意思是说，当一个人将优秀的品质变成一种习惯，他就会成为一个优秀人才，成就非凡的人生。

我（艾米粒）会用自己的方式来叙述，我是如何从一个又懒、又宅、又穷、毫无优点的普通女孩，成为一个独立自主、目前总体还算优秀的女性。

从前我一直固执地认为优秀是与生俱来的东西，要么天资聪颖，要么家境优越，像我这种从小到大毫不起眼，上学还总是给班级拖后腿，只能用极其普通来形容的女孩，应该是与优秀无缘。

我从来不愿意去努力，读书如此，进入社会以后也是如此。我的思维里面认定，就算努力拼搏了又怎样？最多工资从三千元涨到四千元，也改变不了什么。为什么要费那个劲？不如看看电视或者睡上一觉。工作也是从来没有定性，基本上是上半年打工赚钱，下半年就宅在家。

我就是那种"床以外的都是远方，手够不到的地方都是他乡"的"重度懒癌患者"加"宅女"。我不爱交际、不爱出门、不爱工作，没有任何追求。活着就是为了结婚生子、养大孩子，然后等待死去。

一次偶然的机会，我开始尝试着在西祠论坛帮朋友的店拓客来赚取提成，然而半年后因为合作店看到我分到的钱越来越多，店主也开了个讨论版，导致我的版块很难经营。我选择了放弃。我的初次创业也就此宣告失败。但这段宝贵的经历让我知道了原来找对方向、努力之后，是可以从月入一千元跨到月入八千元的，而且过程也只需要几个月。这让我对未来有了那么一点憧憬。我的大脑突然就像装了雷达一样，四处扫描探测下一个机会。

这中间我又经历了一次失败，然而在这过程中我发现了移动互联网创业很有潜力，我先是尝试在我熟悉的西祠论坛销售我代理的产品，巧合中又进入了淘宝，最后我借助这个项目在社交电商行业一举成名。

我可以坦诚地说，自己有一些社交恐惧，中间那次创业失败很大一部分原因是因为我无法适应大量的面对面沟通。而网络隔着一层屏幕，让我非常有安全感，我可以大胆、真实地表现自己，我敏锐的思维、独特的眼光、感性的思维，这些潜伏在我身上近三十年的特质都在这屏幕的保护下全部释放出来。我依然还是爱宅在家，但整个人的状态真的很燃，像打了"鸡血"一样！

在西祠论坛时我每天花 6 个小时反复跟帖、刷屏不觉得枯燥；经营淘宝时半夜 3 点听到叮咚声爬起来接单不觉得累；移动互联网创业时想方案、写课件通宵不觉得苦。因为这些是我喜欢的工作。每接一个单、每讲一节课、每想出一个方案，都让我有满满的成就感。这些不仅仅是钱带来的动力，还是自身价值的体现，我终于找到了生命存在的意义！

有的人天生条件好，带着使命感出生；而有的人天生打开方式就不对，拼命寻找、头破血流才勉强上路。也许我们从小没有条件培养兴趣，目前也还没有找到自己的优势在哪里，唯有不放弃，才会找到一个最优秀的自己。

我看过一个特别接地气的励志故事，有位女性说她一直很迷茫，工作就是为了混日子，但是她很喜欢瑜伽。在利用业余时间坚持练了四年瑜伽后她成为一名瑜伽教练，成功地把爱好转变为了事业。

有一次去小红烤翅店吃饭，听老板说起他的故事。他曾经也是一个浑浑噩噩的青年，毕业后通过关系当了体育老师，27 岁时依然一事无成，觉得生活本该如此，自己没哪里不好，没什么不对。然而，一次同学聚会，他发现几年不见，那些曾和自己相差无几的同学已是衣衫笔挺、出手阔绰。出门互相告别时，看着同学开着汽车潇洒而去、自己回头去推自行车的那一刻，才猛然惊觉：这几年是不是过得太浑了？

几天后他背着父母毅然辞掉了别人羡慕的安稳工作，开始闯荡世界，一番摸爬滚打，最终找到了自己喜欢的行业，现在在南京已经开了四家店，预计两年内再开三四家直营店。

他的烤翅店不仅在口味、营养上有创新，每一家店都有不同的装修风格，比如复古风、清吧风等，思路清晰，规划稳健，懂得当下年轻人的需求。看着眼下店老板侃侃而谈、意气风发的样子，很难和曾经那个一事无成的青年联系在一起。

事实上，我们周围大多优秀的人都不是生而优秀，也不是刻板地按照所谓优秀的习惯训练而成，必然是在心中先种下一颗优秀的种子，勇敢地破土而出，然后在风霜雪雨中茁壮成长。

我个人认为，一种习惯的形成，先是体现在思维意识上，而后才是体现在行为上。你决定要成为一个优秀的人，这比你通过什么行为来形成习惯会重要得多。每个人的人生定位不同，生活态度不同，所产生的行为自然也就不同。

我有个原本就很优秀的女性朋友是做金融行业的。她跟我说，如果不是认识我，可能她不会减肥，不会想着做公开路演、上财经栏目。年收入50万元让她觉得做业务就挺好，那些挑战性太大的事就算了。认识我之后，她觉得自己的定位可以更高些，不妨去挑战一下曾经不敢做的事。

还有以前的我，认定自己是一事无成的人，自然就养成懒散的习惯。但现在哪怕衣食无忧，不工作了，也依然保持着爱读书、爱思考、爱分享的习惯。我给自己的人生定位就是尽我所能，给每一个处于迷茫困顿中的人带来一丝温暖和力量。这一点不会因为时间、地点、利益而改变。追求优秀成为我近乎本能的一种习惯。

孩子的思维习惯可以从小慢慢培养，成年人的思维习惯想要改变，通常都是经过一些人或事的刺激。就像我上面讲的烤翅店的老板，他是因为他的同学，而我是因为我的孩子。

从前我一直认为赚钱养家是男人的事，我只需要管好我自己、带好孩子即可。后来发现，我可能会带着孩子无家可归，我对生活是没什么要求，打工的工资可以解决我的温饱。可孩子怎么办？一想到这一点，我就难过得不行，觉得自己特别无能。也正是在这个时候，我开始思考我能做些什么，既带孩子又能赚钱，还能养活我的孩子？有了这个想法之后，我才会偶遇西祠论坛，然后开始了我6年的网络创业之路。

很多人总是羡慕别人好运，抱怨自己没有机会，实际上是自己没有想要真正改变的决心，才会让机会一次次从身边跑掉。我想送给所有母亲一句话：女本柔弱，为母则刚。

曾经看到一则充满悲剧性的新闻：年轻妈妈带着两个孩子从13楼跳下。看完我很震惊，我理解她的绝望，却理解不了她的行为。当初我离婚时孩子是跟她爸爸的。当时他不肯给我，因为谈不拢就离不了。最重要的是我知道他毕竟是爱孩子的，我相信他不会亏待孩子，所以我很平静，很干脆地办完了手续，没有时间悲伤，就一头扎进了工作里。我只用了 1 年时间，就在南京买了房子，接回了孩子。

当一条路走到尽头时，我们不妨退一步，换一条路走，别自己把自己逼上绝路。比如找不到工作、失业时，我们可以尝试着进行轻创业，如移动互联网创业等，说不定能开拓出一个全新的世界。

当没有人可以依靠时，也别忘了你还有你自己。男人的生命和力量，也是来自于母亲。可千万别小看了自己，也许你的身体内正潜藏着"洪荒之力"！

假如生活欺骗了你，请相信奇迹将发生

很多人都认为我（艾米粒）是气场女王，能说会道。其实曾经的我非常自卑，认为自己做什么都不行。小时候读李白的《将进酒》，只记下了"天生我材必有用"这句。可是想来想去，还真不知道自己能有什么用。

那时对于自卑我倒也没有具体的概念，只是父母口中胆小内向的女孩，随着长大，越发不爱说话。路上远远看到老师就绕路，绕不了就扭头装没看见。看到长得漂亮的女生心生羡慕，拿到成绩单不敢回家。中学后没参加过学校的节目表演，没当过班干部，不是优等生，甚至没有参加过任何运动会项目。并且又很懒，别人是德智体美劳全面发展，再不行也是部分发展，而我却是全军覆没。

有时我也会觉得这个世界很不公平，我就像这世上可有可无的小配角，一整部连续剧就给我一两个镜头，还让我低头别说话。而那时的我已深深地认为自己就是天资愚钝，从头到脚找不出一丁点儿做主角的机会，就算再努力也没用。所以我早早地把自己放在了角落里。从不争取，从不奢望。

自卑就是个人对自己的不恰当认识所产生的消极心理。一般人都不愿承认，也不敢让人知道自己自卑，总觉得那是很不光彩的一面，所以从不

敢轻易去尝试，害怕失败会让人看不起。表面上装作对什么都无所谓，在外人看来只是内向、慢热、谨慎，只有自己知道，那是没有自信、没有激情、没有梦想。

《自卑与超越》的作者阿德勒认为，自卑并不可怕，更不必因此羞愧。其实每个人都有一定程度的自卑感，但是自卑感的存在并不是一件坏事，只有人类认识到自己的无知，才会进一步学习。适当的自卑感激励着我们不断追求卓越、克服自身的障碍，在有限的生命空间内发挥出最大的价值，而优越感则是自卑感的补偿。

那么如何去建立我们的优越感、克服自卑感呢？

1. 认识自我

首先要了解困扰你的自卑从何而来。

阿德勒说，自卑有三个最主要的来源：身体缺陷、骄纵和忽略。童年的经历，对人一生的影响尤为重要。就我个人而言，我觉得应该加上第四个来源——苛责或是打击。已经想不起来我是从什么时候开始活在"别人家孩子"的阴影下。

小学时，父母说："别人家的孩子嘴巴甜又懂事，你就傻乎乎的。"

中学时，父母说："别人家的孩子学习成绩好，你怎么这么笨？"

高中时，父母说："别人家的孩子都能上重点班，你怎么就只能上普通班？太不争气。"

工作后，父母说："别人家的孩子上名牌大学，找好工作，而你连大学都没考上，你真没用！"

大多时候父母说这些话，是丝毫不顾忌就站在身旁、低头脸红、无地自容的孩子，我想很多人都有过类似的经历。中国人骨子里的谦虚，被我们的父母榨压成自卑的血液，流淌进我们的身体里。

除此之外，父母思维里根深蒂固的男尊女卑的封建思想，也让我认为女性生来就卑微。从小时候父母无原则的偏爱，到长大后父母说"嫁出去的姑娘泼出去的水"，还有周围人对生了女儿的女性百般不屑，这其中让我极为不理解的是，表现特别强烈的都是同为女性的婆婆，甚至还有某些亲妈。

还有学生时代老师的忽视。初二时我从城乡接合部的学校转学到县城一所不错的中学，班主任刚好是英语老师，我那乡土气息浓郁的英语发音备遭嫌弃。班主任就将我安排在最后一排，让我"自生自灭"。新同学又不熟悉，看我老实土气，便经常取笑我。心有千千结，却无人可解，于是我迷上了看小说。老师在讲台上认真讲课，我就在后面用心看小说。一年下来眼睛近视了，看黑板是一片模糊。我不敢跟父母说要配眼镜，就干脆放弃了学习。

封建的思想，父母的打击，老师的嫌弃，同学的取笑，一点点摧毁我还稚嫩的心智。以至于成年后很长一段时间里，我做任何事情都缺乏自信和动力，而人往往是不想承认自己无能的，抱怨推诿就会随之而来。

多年前我在一家公司工作时，写工作汇报，因为业绩总是平平，老总让我写明原因。我记得我写的是"下雨了"、"修路了"和"顾客太少了"等原因导致业绩上不去。然后我就被老总给狠狠地批了："怎么你写的都是别人的原因，你自身的原因呢？"在当时我不以为然，还认为自己在认真工作，也尽全力了。如今想来，我只是按工作要求完成任务，因为自卑而缺乏主动地思考和行动，哪里又能叫尽力？

我身边有个年收入百万元的女性学霸朋友告诉我，她很没有安全感。读书时她考前三名，妈妈质问为什么不是第一名？考了第一名，妈妈又问为什么不是全年级第一名？

"我觉得不论我怎么努力都无法让母亲满意，无法达到一个更好的状态。就像一个人永远在路上不停地奔跑，却不知道目的地在哪里，心好累。"

面对这些情况，你需要认识自己、了解并接纳自己体内的自卑情绪。

2.建立优越感

当我们了解到自己的自卑情绪后，就要开始第二步——建立优越感，并反复强化它。人必须认识到自身的价值和能力才会充满信心。

我专门在网上去查了"男尊女卑"的出处，发现它是出自于《周易·系辞》（上）。书中说："天尊地卑，乾坤定矣。卑高以陈，贵贱位矣……乾道成男，坤道成女。"其中"天尊"是说天道运行不息，公正无私，不是天自己尊贵，而是天具天道，人们尊敬他。同理，作为男性，要想合乎道，必须像天一样，高亢公正、自强不息。所谓天行健，君子以自强不息。"地卑"是说大地踏实亲切，不分贵贱、以德载物，人们亲近她。作为女性要想合乎德，必须像大地一样谦卑、亲切、包容。所谓地势坤，君子以厚德载物。"男尊女卑"由此而来，并非如大家误解的"男人生来高贵，女人生来卑微"。

《易经》中的"男尊女卑"，实际是倡导自然、和谐、平等、共生。建立优越感，首先要学着接受自身或外人强加给我们的缺点，坦然面对它，也许缺点还能成为你的优点。

我在微信公众号"十点读书"上看过一篇文章，故事大意是这样的。

一位姑娘非常内向，她上台做一次演讲，毛衣都能汗湿一半。她曾经抱怨自己肯定完了：学不来八面玲珑的社交，以后在公司不知道怎么生存。她完了吗？并没有。她现在是自由职业者，靠高价的稿费生活得很好。她的文章以细腻与含蓄而出众。我想，如果不是性格内敛让她有了更强的洞察力和思考力，她的笔触不会比别人的更加缜密与深情。

内向的人自有内在的力量，因为自卑！

我也一向不太喜欢社交，面对面销售时缺乏自信，曾因此被人说是情商低、能力差，可也正是因为这一点，我才那么热爱网络营销，并最终取得成功。也许你也和从前的我一样，被所有人欺骗，说你不行、不够好。没关系，从现在开始改变自己的想法，请相信奇迹即将发生！你身体里必定潜藏着一种才能，等待着去开发。当然这需要你勇敢地去尝试，并最终发现自己所具备的潜能。我们可以先从一些小事情上来练习，在这个过程中不断地给自己暗示：别人行，我也一定行！如果失败了，没关系，抱抱自己，别泄气。

所有人的成功都是经历过很多次失败和反省的，只要有一点点成绩就要鼓励、赞美自己：我真的太棒了，居然能做得这么好！现在我只需要坚持就能成功，潜意识会不断地被纠正。

长此以往，你会发现自己真的还不错，当你认识到自己是有价值有能力的，你就能将自卑的压力转变为追求优越感的动力。

电影《阿甘正传》里，智商只有75、被要求上特殊学校的阿甘，最终在多个领域创造奇迹。阿甘常爱说的一句话是："我妈妈说，要将上帝给你的恩赐发挥到极限。"

超越自卑的第三步是建立有意义的目标。阿德勒说，在努力追求优越感的过程中，只有为了他人的利益而前进的人，和那些为了社会的发展而奋斗的人，才能超越生活从而顺利获得优越感。

而对优越感错误的理解会造成自身错误的定位，比如大多数的犯罪行为，还有其他损人利己或是损人不利己的行为。

有些成年人在工作中得不到优越感，就只能通过表面的强势在亲人中获得优越感，控制孩子，指责伴侣，甚至辱骂父母。这类人大多在儿童时期过于骄纵，他们认为自己应该得到最好的一切，其他人就应该为自己服务。一旦在生活中发现自己不被重视，就会感到强烈的痛苦。

如果周围人对他不热情，或是工作中表现得比他好，他就视对方为敌人百般攻击。即使他在工作中获得成绩，却不能使他快乐。他们不懂得合作，不注重他人，只关注自身的利益是否获得满足。可事实上他永远不会满足，因为生活中总是会出现他得不到的东西。

很多人把满足误解为不思进取。其实，满足是对现在拥有的感恩，为未来期待的努力。当你把所有的欲望和要求完完全全转化成付出和感恩时，你就拥有了全新的人生。

天生无四肢却几乎无所不能的演讲大师尼克·胡哲，他拥有两个大学的学位，是企业总监，更于 2005 年被提名为澳大利亚年度青年。虽然他身体残缺，但演讲方面，他比任何一个四肢健全的人更能启发和激励人。

听完他的演讲，我想如果我们的父母都如尼克·胡哲的父母一般对孩子不断赞美和鼓励，教孩子懂得感恩和爱，相信希望永远都在。即便他不能出类拔萃，也必然是内心快乐、自信的孩子。

对于被自卑感深深影响、已然成年的我们，父母是无法选择的，但朋友是我们可以选择的。即便是一个外向者，如果整天被打击，久而久之也会变成一个自卑内向的人。所以去找那些像太阳一样能给你能量和希望的人吧，远离那些总是打击你自信、喋喋不休、抱怨生活艰难、未来黑暗的人！很多时候我们的一个眼神、一句话，就可以激发或是扼杀别人的梦想。当一个人觉得自己是有价值的，他就会感到自信，并且喜欢自己。人只有在感觉很好的情况下才会做得更好。相反，当一个人认为自己没有价值时，他就会自卑，瞧不起自己，甚至厌倦生活，失去上进的信念。

阿德勒的《自卑与超越》一书中贯穿的思想是，生命的意义在于懂得关注他人，与他人合作。人类社会是群居社会，每个人的内心都是渴望被别人尊重和鼓励的。

我希望你在看完这篇文章后，能对你的亲人、朋友们表达最真挚的爱和赞美：你是一个有爱有智慧的人，你真的很棒！

谢谢我的朋友能一直陪伴在我的身边，用最实际的行动给我最大的鼓励，用最美好的语言给我最真诚的赞美，给我勇气坚持下去，让我相信希望一直都在。

女性修炼篇

|第 3 章|

女性急速修炼之路：
如何成为一个更厉害的人

向高手看齐，不是较量意志力，也不是比拼天赋，而是要专注于后天的学习。

那些打不垮你的终将成就你

"黑夜给了我黑色的眼睛，我却用它寻找光明。"这是顾城的诗，代表了那一代人对光明的向往。而我（艾米粒）活在当下的感悟是：生活给了我很多的失败，我却要用它来寻找方向。

马云有一次演讲的主题是：我这一生就是不断分享我经历的失败和坚信的理想。

当他准备创立阿里巴巴时，马云试着去融资。他见了超过三十个投资人，没有一个愿意投资给他。虽然马云犯了很多错误，但是每一次失败，每一次被人拒绝，他都把这当作一次训练。如果有一天他真的想写一本书，书名将是《阿里巴巴和 1001 个错误》。

对大多数人来说，马云的高度太高。而我作为一个普通人，我的失败经历对我人生的影响，对大家应该是具有参考意义的。

我不是一个有天赋的孩子，读书时也不是一个成绩好的学生。二十八岁之前一直是一个懒散平庸，生活阅历、工作经历都很欠缺的女性。所以我失败过无数次。

我第一次管理十来个人的销售团队时，我跟团队中的一个成员在我们小组的微信群里大吵了一架，导火线只是一件很小的事。我当众指责她，但她不服，然后你来我往，导致矛盾不断激化。那天，我正带着孩子跟朋友在外面吃饭，我没有控制好情绪，一边在微信里争吵，一边哭。朋友不知道我是因为什么哭，也没有办法劝我，还以为我失恋了。我并不怪那个团队伙伴，就是觉得自己好无能，生活好艰难。我反复在想，问题出在哪里？

从那次以后，我开始注意说话方式，用平等、尊重、换位的方式和别人交流，不让别人难堪，也就不会让自己难堪。

后来我开了公司，创立了某减肥品牌。公司的发展从一开始就超出了预期，正在我满怀希望准备大干一场时，我的一个合伙人反戈一击，带走了公司一大半的人。让我备受打击的不仅是公司风雨飘摇，还有情感上的锥心刺骨。我怎么也想不到，十天前还跟我睡一个房间，跟我提要求说要跟着我好好干的人，十天后就背着我创立了新公司，而我对这一切却一无所知，傻乎乎地让对方成了实力超过我的竞争对手。

那个时候我真的感觉前途一片黑暗，完全看不到方向，但是对着留下来的小伙伴们，我还得强作镇定，告诉她们："没事的，我有办法，我们会越来越好。"其实那时每天晚上我压根睡不着觉，只好听各种演讲视频。

很多人都认为励志"鸡汤"都是毒鸡汤、是洗脑的。我个人也是这么认为的：那些名人的经历故事确实不能给我们太多实际的帮助。因为我们从事的行业、我们的人生经历都是不同的。但这些"鸡汤"最重要的是可以让我们学习他们遭遇困境时的思维方式、处事方法，让我们拥有面对失败、战胜逆境的勇气。这是一种信念的传递。

信念就像黑夜中的一道光，让我慢慢地看清了方向。我开始对整件事情进行复盘总结。这次惨痛的经历让我明白，我平时跟大家进行的情感交流太少，也不喜欢表达自己，再加上天生的"高冷脸"，让很多人认为我不太好相处，也没什么实力，跟着我看不到希望。我就从这方面去改变自己，学着真诚地表达内心的情感，勇敢地说出我的梦想和目标，从各个方面去提升自己的实力。当有了明确的方向，很快我们就重整旗鼓，赶超对手，稳居类目中的第一。

我要感谢那时一直坚持信任、陪伴着我的所有人，谢谢你们陪我走过最难走的路。我也要感谢努力的自己，没有让你们失望。

在所有演讲里，我最喜欢的一句话是：我要把上天给我的酸柠檬榨成美味可口的柠檬汁，然后拿来卖。

我有过一次失败，那时我在荔枝FM（FM1081592）上制定了一个小目标，我希望在3个月内我的荔枝专栏订阅量达到1000。原本我认为有之前那么大的团队，积累1000个支持者应该是没有问题的，可我还是失败了。但正如我当时所说，抱着必胜的信念做事，抱着平常心对待结果。我知道所有的努力都不会白费。

我在荔枝电台发布了一期又一期的音频，过去的悲伤离我越来越远，我重新变回那个快乐、勇敢、自信的艾米粒。我越来越喜欢阅读、演讲，我还在一个演讲俱乐部报了名，常常去练习。我仍然在做我热爱的事情，我要给身处迷茫困顿中的女性带来一些温暖和力量。

罗振宇老师的《罗辑思维》有一期节目叫"游戏化工作"，即用玩游戏的思维来面对工作和生活。在游戏的过程中，你常常会失败，但你不会在意，因为你知道那就是个游戏，输了可以再接着玩，多玩几次，总结经验，总能过关。赢了就可以升级，得到金币和奖励。

但是在工作生活中，人们总是会夸大失败的后果，想象失败是多么可怕。其实失败了也没有什么，爬起来再试一次。人生本来就是一场打怪升级的大型游戏，你会受伤，会失败，会感受到真真切切的疼痛，可是你也能打赢升级，得到真实的奖励，更能体会到在现实中成为王者的那份荣耀。这不是比虚拟游戏更有趣吗?

很多人总认为那些一夜成名或看上去过得很好的人只是运气好，自己就算再努力也没有用。事实上，大部分人的人生都不容易，能承受得了最坏的，才能享受最好的。

最后再送给女性一句话:"人生实苦，但请你足够相信!"

痛苦中蕴含的宝贵财富和创业机会

1. 从痛苦中寻找人生的答案和使命

你要从你的痛苦中寻找生命的答案和人生使命。

经常有朋友跟我(殷中军)诉苦，说她们很痛苦。我问为什么，她们说孩子难教育，婚姻不幸福，事业不顺，创业遇到了挫折，团队经常会流失很多的伙伴。

听到这些，其实我很能理解当事人内心的痛苦和挣扎，因为我也经常遇到很大的挫折、打击，内心也会经历一些痛苦和折磨。

从进化角度来说，痛苦本身不可避免。造物主在创造万物时，给了万物快乐，同时又给了我们痛苦，她就是希望我们为了避免痛苦，去不断地追求快乐，这样万物才有动力不断地去奋斗。

无论我们是否愿意，痛苦都会来临，我们无法逃避，也无法摆脱。但面对所有人都会经历的痛苦时，对痛苦的不同解读方式会给我们带来不一样的结果和意义。积极的女性会从痛苦中找到人生的答案和一生的使命。

其实，痛苦是成长的必经之途。我们或许会想方设法逃避痛苦、消除痛苦，或者保护我们的子女免遭痛苦，然而那样对我们的成长并无益处。当我们发现了痛苦的必然和意义后，我们会发现学会和痛苦相处，能让自己受益匪浅，痛苦也能孕育出新的机遇和事业。

我人生中重大的转折点都发生在我遭遇重大打击、陷入低谷、内心极为痛苦的时候。刚开始时我不断寻找遭遇这些极大痛苦的原因，但我解读的角度出了问题：我一味地从外界寻找答案，我觉得都是社会不公、人心险恶，让我遇到了这些打击和痛苦。我要报复他人和这个社会，这样的心态让我自己好受很多。然而，仅此而已。我还是会继续踏入同一条痛苦的河里，后面还是会继续遭遇这些类似的挫折和痛苦。但是在我读完大量书籍后，我才意识到，原来是我的大脑系统不够高级，我看待痛苦的角度、解读痛苦的方式有问题，我太过于消极，太喜欢逃避责任，很少去从自己身上找答案。

自从我换了一种思路和角度看待社会和他人、处理问题，不断向内求答案后，我的眼前一亮。我竟然找到了这一生真正要做的事和实现的梦想，最关键的是，我发现了我一生肩负的一个重大使命是：为女性美好生活而努力、奋斗。

我发现，当我不断站在社会、他人角度思考问题时，不断为这个社会和他人贡献价值的时候，我的人生已经发生了逆转。我身边开始吸引和积聚了大量积极、优秀的人，我们能凝聚力量，为这个社会创造更大的价值。而这一切也正是造物主希望人类做的事。由此，我开始对痛苦心存感激，感激我生命中遇到的人和事，尤其是经历过的种种打击和痛苦，它们改变了我、升级了我的大脑系统。

我得学会与社会相处，用一种社会和自己都能接受的方式做事；在这个靠实力证明自己的社会中，我得努力奋斗才能受人尊重；我还得学会接受现实，克服困难，懂得创业的恐惧和失败无法避免。创业从来都不容易，但我从痛苦中找到了自己的使命，那就是通过创业给更多的女性带来事业机会，为女性美好生活而奋斗。

试想下，如果我没有勇气直面痛苦，一切又会如何？

我们都在与恐惧做斗争，与自己内心的恶魔做斗争。我们都想逃避痛苦，甚至否认它的存在，这是人的天性。然而，没有人能真正避免痛苦。痛苦是人类的必经之旅，是它把我们紧紧相连。

直面痛苦，会让你找到生命的答案和人生使命。

2. 你痛苦的地方，就是你的天分所在

阿里集团湖畔大学产品模块学术主任梁宁，思考过一个很有意思的问题：成就最高的那群人，和普通人究竟有何不同？

经过研究和比较，她发现了一个很有意思的差别：成就最高的人，有一种特别重要的天分——痛苦感很强。

比如苹果创始人乔布斯，他"活着就是为了改变世界"。他有种本能的内驱力，这种内驱力让他为了改变和影响这个世界而不断奋斗、思考。如果他发现他无法改变世界，或者他的努力效果甚微，他就会很痛苦，但痛苦并不会让他沉沦下去，而是在痛苦的驱动下，他会拼命想方设法去研发、创新，去改变行业，引流消费的新潮流。所以他颠覆了四大领域：用 iMac 颠覆了电脑，用 Pixar 颠覆了电影，用 iPod 颠覆了音乐，用 iPhone 颠覆了手机。

什么是杰出的人？就是如果他想要某种东西而得不到，就会寝食难安，为了得到这个东西，他会拼命奋斗，不管付出什么都可以，不管牺牲什么都可以。

所以梁宁说："痛苦是一种比快乐还重要的天分，巨大的痛苦会驱动一个人去做出巨大的成就。"

明星吴京也是这样的人。

自从他涉足电影之后，就产生了一个梦想——开创一个属于自己的动作片时代。他在大陆努力了 10 年，依然无法实现这个梦想，其内心的痛苦可想而知，于是 31 岁那年他去香港发展。在香港，一切得重新来，好不容易得到了《杀破狼》的客串机会——扮演杀手阿杰，却只有一句对白。但

为了拍好那45秒的打戏，吴京与甄子丹真实对打，甄子丹打断了4根木棍，吴京身上伤痕累累。

在香港努力了七八年，吴京虽然有了一些声名，但始终无法像成龙、李连杰一样，让自己的动作片风格有足够的影响力。那段时间，吴京活得无比痛苦，但他并不甘心，最后做出一个决定，"我要回内地，自己当导演。如果没人给我这样的机会，那我就自己来创造一个"。这才有了《战狼》《战狼2》。

人生最重要的天分就是痛苦。你痛苦的地方，就是你的天分所在。

3. 面对痛苦时，女性的优势和机会

女性解读痛苦和对待痛苦的方式与男性不同，这是女性的一大优势。

女性不怕承受痛苦，也很乐意与他人分享自己的故事。女性不介意谈论自己的痛苦经历，她们愿意与家人、同伴、陌生人交流痛苦体验，甚至可以借助这些痛苦经历迅速拉近彼此的关系，提升社交效率和效果。

而男性则不同。男性比女性更难正视痛苦。当男性遭遇改变一生的痛苦，如生病、失恋、吵架或者创业失败时，他们往往会选择忍耐、克制，会把痛苦生生地压制下去。这是他们从小受到的教育、人们社交的方式、传统文化等因素综合导致的。社会环境并不鼓励男性表现出脆弱的一面。

对于女性创业者而言，痛苦反而是她们的巨大优势。很多女性朋友告诉我的第一件事，就是阻碍她们实现目标的伤心事，比如"我老公抛妻弃子，现在我得靠自己养活全家。""我受到了虐待。""我失业了。""我没有什么特长，不知道如何开始自己的事业。""我讨厌自己的工作，可是没办法，我得养活自己和家人。"这些伤心事阻碍了她们前行的脚步。

我常常告诉女性朋友："痛苦中蕴含创业机遇。"我可以把每个女性的伤心事变成创业的动机。

痛苦能帮你开启创业之门，带领你走向成功。无论你经历过什么，你

都能从痛苦中找到机遇，自己创业，因为你有切身的体会，而且你不是唯一一个有痛苦经历的人。当你把痛苦转变为机遇时，你就能用自己的经验去解决问题，而且能让他人从中受益。

我鼓励女性朋友行动起来，解决由痛苦造成的问题，然后找到面临同样问题的人。我会和她们说，她们现在遇到的绝大部分问题，其实都是思想不独立、经济不独立引起的，如果她们想减少痛苦，或转化痛苦，一定要学会思想独立、经济独立。在移动互联网时代，想获得经济独立，方法有很多。

我会建议她们借助移动互联网进行轻创业，以最小的风险和成本发展自己的事业。你如果有一份工作，大可以在业余时间轻创业。如果你是家庭主妇，则可以在兼顾孩子、家庭的情况下轻创业，增加收入。轻创业时，你可以发挥自身的优势，从自己的痛苦中寻找你的独特性和核心竞争力，并帮助更多女性解决痛点。

直面痛苦，与痛苦做朋友，女性将快速成长并发展自己的事业。

4. 以创业者的方式看待痛苦

如果你以创业者的方式看待这个世界，你会发现，从痛苦中寻找机遇并没有想象中那么难。那么，一项成功的事业需要哪些因素呢？以下几点至关重要，值得考虑。

找到尚未被解决的女性痛点

总会有个主题你比较敏感，而缺乏类似经历的人很难像你一样敏感，此时你便能从中找到机会。

是什么样的经历造就了现在的你，让你变得独一无二？

其他人缺乏什么？

你的独特性将成为你的核心竞争力，是不可取代的重要法宝。那么，是什么造就了你的独特性？你的经历、你的思想、你的个性等因素综合创造了你的独特性。而你的经历又在其中扮演着一个重要角色。你可以静下心来认真梳理你的人生经历，不断地讲你的人生故事，传播和放大你的独特性。

对我而言，我学过医，做过公务员，读完研究生后，我开始转型做电影编剧、导演、作家、演说家。这些综合经历是一般人不具备的。而编剧、导演这一经历，又很吸引人。所以我现在会不断跟听众分享我做电影编剧、导演时的故事。这些就形成了我个人独特的风格和烙印，别人无法复制。

找到与你有类似痛苦的女性，帮她们解决痛点

你不是世上唯一一个经历过这种痛苦的人，与你有过类似经历的女性需要你和她们分享信息，需要你支持她们。你该怎样通过创业来帮助她们、满足她们的需求呢？比如，你可以教新妈妈科学育儿的知识；你能为宝妈、家庭主妇提供轻创业的机会，让她们能兼顾家庭和事业；你可以做心理咨询，减轻全职宝妈的抑郁心理……这些，就是你可以发展的事业。

打造独特性、个人品牌、企业品牌

你是个思想独立、经济独立的女性创业者，经历过很多痛苦，但你没有让这些痛苦经历绊住你，而是升华了这些痛苦，并从中找到了创业机会。这在推广产品、打造个人品牌时具备很大的优势。

当你从痛苦中寻找机遇、自主创业时，你自会对它充满热情。遇到困难时，你会从新的角度思考，想办法解决问题、坚持下去，因为你的理念和事业凝聚了全部的心血。这能为你的个人品牌、企业品牌带来巨大的附加值，也是成功的必备因素。

乐观是个好东西，我想让它永远陪着你

我们常常会说某些人运气好。我（艾米粒）发现，事实上运气好的人很多都是很乐观的人，他们总会看到人性或事物当中美好的一面，自动忽略掉那些不好的。我们不管做任何生意，移动互联网创业也好，实体也罢，

或者是不同类目的产品，都不可能日进斗金。起起伏伏都是很正常的。

就像到了冬季，很多行业会进入销售的淡季。面对这种情况，就会有两种不同的反应。

一种人非常沮丧，觉得这件事情已经到头了，没有什么可以发展的空间了。另一种人他郁闷了一段时间，就开始自我鼓励。趁着这段时间比较清闲，会把之前想看的书，拿出来看一看，去上想上的课，去执行想出来的新方案，整理一下课件，向优秀的人学习，再或者静下心去思考之前自己做得好的和做得不好的事、未来应该怎么做。

想想看这两种人，在下一个旺季到来时，谁能赚到钱？好运会降临在谁的身上？很显然是后一种拥有乐观思维的人。

马云某次讲述电商处于"寒冬"时的状态，说虽然冬季很难熬，但他希望冬季能更长一些，这样他的竞争对手就能又少一些。我也常常在想，我能从一个移动互联网创业新手，用 3 年时间创造一个全新的类目，成为行业的一个奇迹，可能正是源自于这种乐观思维。如果你也想获得好运气，可以学习我们这种思维方式。凡事要往好处想，对未来充满希望。

很多新加入的团队伙伴在销售的初期，经常会遇到一些咨询过一两次或者更多次的客户，甚至有一些聊得特别愉快，然后还说好了第二天要来付钱，但最后也不知道什么原因不了了之，没有成交。那么有些人就会觉得销售太难做了，产品卖不掉，这生意估计不太靠谱。

而乐观的人却想，开实体店还得交房租、水电各种费用，一天还不一定有几个人来问，有人问了还不一定会有人买。移动互联网创业真好，居然发朋友圈，就有人上来咨询，简直太有前景了。一定要好好做！然后把顾客的问题全部整理一遍，想一想下一次应该如何回复会更好。他永远对未来充满期望，觉得自己会越来越棒。

当你处于人生低谷的时候就告诉自己：这已经是我人生中的最低谷了，以后一定会越来越好。

移动互联网创业时，低价、乱价会导致合作伙伴流失，我想基本上每个移动互联网创业者都会经历过。乐观的人也会很难过，因为毕竟是自己辛辛苦苦培养出来的人，我们不但付出了精力，还投入了感情。但是转念想想，因为低价流失的团队伙伴本身忠诚度就不高，需要的只是短期快速赚钱，而不是踏实稳健地做一份事业。这种人是很难跟随团队风雨同舟、共同发展的，甚至还会祸害团队其他人。早一点走，未必不是一件好事。

而悲观的人则会一直纠结这件事情，然后骂团队伙伴忘恩负义，诅咒挖墙脚的人，怪自己的上级不帮自己去查证举报、抢回团队伙伴，觉得整个世界都不好了。其实，事情已经发生了，没有办法改变的时候，我们只有去接受它，调整好自己的状态，然后再开始下一步。

其实人的一生中会不断地面临各种挫折打击，但是每一次我都觉得这是老天在考验我，没关系，我会好好表现，让老天看看，我值得更好的人生。

乐观的人懂得不记人仇，也不为难自己。受到委屈，被别人黑了，也会很生气，心里也会默默地放狠话：君子报仇十年不晚！结果不到十天，就把这件事给忘了。人非草木，都会受伤、都会疼。但乐观的人明白，记恨只会撕裂自己的伤口，而淡忘才是对自己最好的爱护。我们要培养自己，有意识地去记住好事儿，忘了坏事儿，慢慢你生活中的美好就会越来越多。

有时候事与愿违，或者说达不到预期效果，不要责怪自己、否定自己。乐观的人都觉得自己很萌，很爱自己，舍不得骂自己。我们跟自己的关系要像对自己的好朋友，发生任何不好的事情都会很宽容地抱一抱对方说："没事，你已经尽力了，不是你的错。只要总结经验，你下次就会做得更好。"

懂得欣赏自己的优点，接受自己的缺点，然后发自内心地去改变，自信而不自负，自谦而不自卑，自尊而不自居。跟世界相处，首先是要学着和自己好好相处。多想想自己有什么，不去想"没有得到的才是最好的"。这就是乐观派的思维方式：不在意那些已经失去的，好好珍惜已经拥有的。

我特别欣赏我的团队伙伴李娟的思维。她从移动互联网创业新手到现在，无论在哪一个阶段面对合作伙伴流失，她从来没有消极过，也没有怨恨过。她总是会说："我本来就是从一个合作伙伴都没有开始做的，能赚这么多钱，我已经很开心了。有人走了，我就再招，再好好培养，从头再来。"简单善良，是她能够将团队带领成功的重要原因。

其实曾经在某个阶段我的状态也非常不好，毕竟是自己一点一滴辛苦组建的团队，很难说马上就能放下。这种难舍的痛苦让我整夜都无法入睡。渐渐地我转变了思维方式，我告诉自己，其实我也只是离开公司，我和他们不再是生意上的伙伴，但我还是他们的朋友。他们需要我的时候，还是可以跟我私信。我们可以谈谈心，聊聊天，吹吹牛。这几年除了收获财富，还收获了这一份战友般的情谊，我一定会好好珍惜。除了财富、情谊，我在创业过程中形成的气场、思想、格局，对我来说更是一笔宝贵的精神财富，它更胜于实际物质，它是真真正正只属于我自己的东西，因为这些成就了独一无二的艾米粒。

经常有人问我，产品能做多久？社交电商能活多久？从 2015 年下半年开始，就不断有人在唱衰社交电商，说社交电商已经到了一个下滑期，等等。但是依然有一大批社交电商活到了现在，并且越活越好。看过我创业经历的人应该还记得，最早我做过论坛营销，也在淘宝开过店。后来接触到社交电商，在社交电商前期我代理的是面膜，然后创立了某减肥品牌。

每一次我都是全力以赴，虽然我并非每一次都能做得非常成功，但是每一次我都不曾让自己失望。所以不要去担心某一件事情能做多久，某一个行业能活多久，你只需要把握好现在。现在这个时刻问问你自己，你是在混日子，还是在为了你的未来不断地积蓄爆发的能量？

乐观，我觉得就是对过去不遗憾，对未来不慌张，把握好每一个当下，活出自己的精彩。

我一直很相信吸引力法则：总觉得自己幸运的人会越来越幸运。相反，总觉得自己倒霉的人就会越来越倒霉。因为幸运而总是发现事情好的一面，从而形成一个良性的循环。

当然，我不是说乐观的人不需要努力，只需要每天盲目乐观，我只是说我们需要一些良性的思维方式，避免负能量的滋生。

有人可能认为，乐观的人都有一种"蠢萌感"，直白说就是傻。是啊，痛苦才显得深刻，乐观会显得肤浅。可是我觉得能看透复杂的世界，还依然保持热爱，这挺高级的，不是吗？

其实很早开始我的快乐就已经与物质名利无关了。此刻，如果这些文字能给你带来温暖和力量，那么我就是最快乐的。

我们都是追梦人，给自己定一个小目标

我（艾米粒）想大多数人都梦想可以睡到自然醒，每天毫无压力，生活有保障。你是不是做过这样的梦？我也做过。

十年前我就认为这是最完美的人生状态。不过随着认知的增长，我早已经放弃了这种梦想，而且意识到这种放弃正是成长的关键。有点压力，对人是很有好处的。有人吃饭是为了活着，有人活着是为了吃饭。可以不做任何事的生活，就是后一种，它其实并不如看起来的那么幸福。

从前的我觉得上班有压力，大部分时间我都喜欢宅在家里不出门，每天醒来后都不想睁开眼睛，因为不知道睁开眼睛后应该做什么。晚上就一直看电视剧，又不想睡觉，因为到了明天也不知道该干什么。二十来岁看起来无忧无虑，实则内心迷茫。

前一段时间我停掉了手上的工作，感觉自己又回到了从前的状态。唯一不同的是现在的生活有了保障。可是我每天醒来后，还是会觉得很迷茫，只能不停地刷朋友圈、追剧、看小说打发时间。

有个朋友笑道："我也想像你一样衣食无忧，然后失去人生目标。"

而我在想，难道以后我就要这样虚度年华吗？

爱尔兰剧作家萧伯纳曾说："我厌恶所谓的成功，因为这样的成功意味着再也没有事情可以做了，就好像是一只雄蜘蛛完成了交配，只有等待着被雌蜘蛛杀死。我的目标永远在前面，而不是后面，所以要不断地进步，向前看。"

我们可以选择脱离做一天和尚撞一天钟、浑浑噩噩的一生，给自己定一些小目标，让生命中的每一天都能过得充实、有意义。目标，它不是让人变得越来越沉迷在自己的世界中，而是去帮助你更加了解自己想要的。

在电影《了不起的盖茨比》中，年轻但不富有的少校军官盖茨比爱上了家境优越的黛西。后来世界大战爆发，盖茨比被派往欧洲，等他回来时黛西已经嫁给了出身于富豪家庭的纨绔子弟汤姆，盖茨比于是立志要成为富翁。

几年后他终于成功了，并且再次见到了黛西。故事的结局是他为了保护黛西而死于非命。

听上去这是个非常感人的爱情故事。只是人们在为盖茨比举行葬礼时，黛西和她的丈夫却在欧洲旅行的路上。盖茨比原本想要的是一个情有所钟的爱人，可他固执地把黛西当成目标的化身，尽管他早就知道黛西已移情别恋，尽管他清楚地听出她的声音充满了金钱味，却仍然偏执地追求她，导致了最后的悲剧。

事业亦如爱情，有时候为了达到目标而不顾后果、不择手段，即使赚了很多钱却过得不快乐，即便有所成就却早失初衷。这种成功又有什么意义呢？在追求的路上，迷茫的时候就让自己停下来，打开觉知，一点一点感受自己的心情。随着心的方向，就算没有明确的目标，也能走出属于自己的新世界。

曾经的我，对未来没有非常清晰的规划，只希望以后做的每件事情都能让自己、让他人受益，不违背我曾经的梦想，对得起那些信任我的人。我想让大家知道生活没有想象中的那么糟糕，我想让大家看到没有高学历、没有富裕的家庭、没有任何的背景，每个人都能通过自身努力活成自己想象中的模样。所以我就想我要写一本书，讲述我的人生经历和创业故事，希望能给看到的人一些启发和帮助。

后来我学习到一个词叫目标倒推法。什么意思？有很多事情不是我们完成不了，而是我们没有计划，也缺少执行力。目标倒推法就是用目标来推导出过程及初始准备。我们可能不知道自己有什么，自己需要准备什么、做什么，但是大部分人都知道自己想要什么。倒推法就是根据自己想要的，而推导出自己要做的事情。

我开始分析，对于我这种文笔不佳、大脑经常"短路"、词穷的人来说，我得多读书，多写短文，培养我的文字表达能力。还得多思考，提高观察、思维能力，有自己独特的视角。

然后我就给自己定下了一个小目标，那就是把荔枝电台坚持做下去。目标并不一定要很宏大，或是很远大才有意义，重要的是要符合你当下的状态，切实可行的。有时想要做得越多，目标越大，你的无力感就越强烈。

你总认为自己可以一飞冲天，可飞到半空就飞不上去了。然后你开始自我怀疑，自我消耗，跟自己较劲，最后精疲力竭。人的精力是有限的，当你自我消耗过多的时候，你外在能投入的自然就少了。这时候你想想外面的那些事，什么都还没干，就已经觉得累了。所以目标最重要的是要符合你当下的状态，切实可行。

最初我进行互联网创业的目标，只是希望能每月有几千元的收入解决温饱问题。后来我选择了移动互联网创业时，最初的目标也只是想着让团队伙伴都能月入过万元。结果一不小心做大了。网络上有句名言：所有的梦想都始于卑微。我要说，所有的大目标都源于小目标的积累。别认为这是一个小小的目标，就很容易。在荔枝FM上录制十来分钟的语音对很多人来说可能很简单，而我得花几天时间看相关的文章找思路，然后写写改改，平时还要多扩展自己的阅读学习范围去找灵感。

最后为了增强我的动力，克制我的懒惰，我就给我的目标定了一个期限：我要在3个月内达到1000的订阅量。这个量确实不多，但是从现在只有三十多个的订阅量来看，好像也并不那么容易。有人订阅说明认可了我的内容，我就会更努力地写、录，多一个人订阅我的"懒癌"也就能减轻一些。

有些人在定了目标之后，会担心如果完不成怎么办？我个人觉得，任何事情要么不做，要做就必须全力以赴，要疯狂到让别人动容，要努力到让自己感动，只有过程入木三分，结果才有可能让我们喜出望外。抱着必胜的信念做事，抱着平常心对待结果。

如果目标没有达到怎么办？会不会很丢人，会不会觉得自己很无能？我之前带过十几万人的团队，现在却连1000人的关注量都达不到，换成从前的我肯定会因为怕丢人，怕做不到，就不敢去公开定下这个目标。但现在我不这么想，这本来就是一个全新的开始，公开定目标，就是为了让我可以很认真地去对待这件事情。

我是一个很懒又很要面子的人，所以定下的目标总要想办法去实现。如果真的尽了全力，也没有达到目标，那也没有关系。这些年的切身体会告诉我，你读过的书、见过的人、经历过的事、所有的努力都不会白费，它们总会在以后的某个意想不到的时刻让你发出耀眼的光芒。

再者，我可以把我的目标达成时间延长，3个月做不到，就延长到半年。不怕路太远，就怕不出发或半途而废。我说过我是一个要面子的人，丢了的面子就得自己贴回去。人生不长，想到什么就去做，相较于失败，到生命最后的时刻，你更应该后悔的是自己从未真正勇敢过，从未去尝试做自己想做的事情。

我们每个人不可能都像王建林那样，将"先赚它一个亿"定为自己的小目标。但我们可以定个属于自己的小目标，那就是让自己每一天都比昨天更好。

最后送给女性们一句我很喜欢的话：所有的横空出世都是厚积薄发的结果。

|第4章|

女性急速精进之路：
如何打造魅力社交型的朋友圈

打造有魅力的社交形象，有助于结识理想的合作伙伴，遇到有前景的事业项目，是打开机遇之门的一把金钥匙。

如何经营好现实朋友圈？

认识很多大咖、名人有用吗？

何谓有效社交？

为什么要维护好现实朋友圈？

如何维护好现实朋友圈？

1. 为什么你以为的社交可能是无效社交？

很多人都存在一个误区，以为认识的人越多越好，如果认识很多大咖，那说明自己很厉害。女性也是如此，我们以为多认识一些大咖，多跟这些大咖合影，留下他们的联系方式，我们自己也变得很厉害了。问题是，除了增加我们炫耀的资本，很多时候，认识大咖这件事对我们事业并没有太多帮助。

在我（殷中军）成为移动互联网创业导师之前，一直在忙着实现我的电影导演梦。我有个影视圈朋友经常在我面前炫耀，说他认识张艺谋，和张国立、陆毅一起拍过戏。我知道他说的是真的，因为我确实看到过他和张国立演对手戏的电视剧片段。他和陆毅认识，是因为他参演了陆毅主演的电影《英雄之战》。至于张艺谋，他是要通过他的一个朋友才能搭上话，也算认识吧。可那又如何？我那个朋友只是个比普通群众演员好点的特邀演员，和这些明星一同演戏也不奇怪。但也就仅此而已。认识这些明星并没有给他的生活或事业带来太大的改变，演戏只能作为他的业余爱好，他还需要一份工作才能养活自己。

身边有很多移动互联网创业者朋友也是如此。他们会说他们认识多少品牌方、多少大的团队长。他们说的也许是事实。关键是那又如何？你认识这些品牌方、团队长对你的事业未必有什么帮助。多少年之后，你可能还只是一名普通的上班族。

社交和人脉的本质说白了就是价值交互。当你不能为对方提供他需要的价值时，你认识他们的意义真的不大。因为大咖往往很忙，即使有心助人，恐怕也是有心无力，没有太多精力放在和自己事业无关的人和事上。当你向他求助时，他出于助人之心，刚开始也许愿意帮助你。但如果你长期向他索取帮助，他会对你感到厌烦，想尽量远离你。因为你只顾从社交账户中"取钱"，很少往里面"存钱"，时间久了，自然会透支你的社交账户。

除非哪天你和他能产生事业方面的联系，你对他的事业有帮助，而他又能用自己的资源帮助你，这样你们才算真正的人脉，也才能发生深度链接。虽然有很多大咖乐意无偿助人，但那很可能是因为这个大咖觉得你有潜力，是个人才，即使他不帮助你，你也能成事，他才愿意锦上添花，助你一臂之力，还能让你记住他的好。等你成为大咖后，说不定有机会可以一起共事。

毕竟在成熟的市场环境下，不对等的交换买卖是谁都不愿意做的。

那有人可能会问："我现在很普通，也没有太多资源和人脉，想认识一些大咖，并和他们进一步合作，应该怎么办？"

我给你的建议是，赶紧花时间学习，提升你的技能，让自己变得更优秀。因为这个世间有些人也许天生就拥有比你多的资源，但才华和学识却是可以通过后天的努力积累。你唯一需要做的就是在别人享乐时，耐得住寂寞，与孤独做朋友，踏踏实实静下心学习、提升。

我身边有很多学历仅为小学、初中的移动互联网创业者朋友，他们靠自己的踏实努力和积累，提升了自己的才华和能力，将自己的事业越做越大，然后遇到了越来越多的贵人和高质量人脉。他们既没有拼背景，也没有走捷径，只是靠自己的努力，把握了一些机会，然后拥有了当下的一切。

人脉并没有我们想象的那么重要，大多数人都弄反了逻辑顺序。其实是因为我们变得足够优秀了，才能拥有更多优质的人脉，而不是有了优质的人脉，我们才变得优秀。

但这并非说女性不需要和人打交道，不需要和人处好关系。移动互联网创业的重要特质之一是社交。当女性进行移动互联网创业时，需要借助社交，才能维护好和客户、合伙人的关系。但我上面提到的社交是指有别于你日常社交的一种不对等社交。

其实在条件允许的情况下，比如上课时、晚宴时，我们确实可以和这些大咖交流，向这些大咖请教一些问题，可以趁机留下他们的联系方式。但这些社交结束后，请让他们先留在你的通讯录里，然后默默努力和积累。当某一天你足够优秀时，你和通讯录中的大咖自然可以产生深度交流，甚至他们会主动联系你，想和你一起合作。这时候，你的人生往往已进阶到了一个新的阶段，一切美好的事物很容易被你吸引过来。

2. 如何建立并维护好现实朋友圈的关系？

创业后，我（艾米粒）发现，在日常生活中，我们往往只顾着忙事业、赚钱，从而忽略了身边的家人、好朋友。甚至很多时候我们宁愿花很多时间在客户、合伙人、无效社交上，却不愿意花一些时间在自己最亲近的人身上。

事实证明，很多移动互联网创业者白天忙着发货，晚上忙着学习、和客户沟通、和合伙人交流。等她忙完了，老公、孩子早就睡着了。你压根没有时间和家人交流、沟通，长此以往，你们的关系会逐渐恶化。

我们每个人都有很多心理账户，如社交账户、日常开支账户、学习账户、创业账户和关系账户。我们经常会往这些账户中"存钱"，需要用时从中"取钱"。如果想维护好这些心理账户，就要维持好这些账户的收支平衡。当我们一味"取钱"而不"存钱"时，你的某个账户就会出现赤字。

关系账户也是如此。很多人之所以家庭和睦，是因为他们经常往关系账户中存钱：花时间陪孩子一起做作业，为孩子讲睡前故事，陪爱人散步，和爱人多沟通，和父母多谈心，常回去探望父母。

由此不难想象，很多家庭之所以难言和睦，甚至关系很差，就是因为家人经常从关系账户中"取钱"，而很少往里面"存钱"：丈夫经常在外应酬、晚归，或者吃完饭出去打牌，而不是陪孩子、妻子或父母；妻子吃完饭要么出去打麻将，要么看电视，要么忙着和客户聊天、和合伙人交流，没有多少精力放在孩子身上……时间久了，难怪孩子只顾着看电视，情愿和猫狗交流，都不愿意与父母交流。

和家人相处如此，和好朋友相处也类似。家人、朋友其实都是陪我们在俗世中走上一段路的人，只是关系远近、陪伴时间长短不一样罢了。

女性要想经营好现实朋友圈，就得处理好基本的关系，关键是要维持好关系账户的开支平衡：平时多往关系账户中"存钱"，而不是一味"取钱"；多帮助别人，为他人提供价值，而不是一味索取。

下面分享一下建立、维护好关系的五种主要方法：

花时间在一起
陪伴是最好的礼物，对家人如此，对朋友也是如此。如果我们想经营好自己的朋友圈，一定要多花时间陪伴自己的家人、朋友。

甚至有时候，看你爱不爱一个人、重视不重视一个人，就看你愿不愿意花时间和他在一起。因为每个人的时间都是有限的，我们会很珍惜时间，我们情愿花点钱叫外卖都不愿意跑到外面买杯咖啡或买份饭菜。和人相处也是如此，我们不愿意将自己的时间花在自己讨厌的人身上，我们只想把时间花在自己认为值得的人身上。

你愿意和客户聊天，是因为客户能为你带来业绩，能帮你转介绍，甚至可以变成你的合伙人。你愿意花时间和合伙人交心，是因为合伙人能为你创造业绩，能帮助你裂变团队。你愿意花时间和大咖交流，是因为大咖能给你更多指点，能帮你把事业做大。

如果你觉得你的家人、好友对你很重要，你也会愿意花更多时间在他们身上，陪他们聊聊天，一起成长，一起在人生的路上前行。

聊聊共同的话题

你之所以愿意长时间和合伙人交流，是因为你们有很多共同话题，你们可以聊怎么样引流、服务客户、拓展客户，你们可以聊如何招合伙人、如何裂变团队、如何管理团队。

和家人、朋友聊天也是如此。你要找到你们彼此都熟悉、都感兴趣的话题，这样你才不会觉得累，对方也觉得你很懂他。比如，你和孩子在一起时，可以和他聊聊他在学校和同学相处得如何，和老师之间的关系，他近期读过的书。和丈夫，你可以和他聊聊孩子、聊聊他的事业、聊聊近期一起看过的电视剧、电影。和朋友，你可以和他聊聊近期看中的一款服装，看过的一部电视剧、电影……

总之，你要经常和你的家人、朋友相处，然后聊聊你们共同的话题。

和对方一起成长

移动互联网创业，如果想扩大团队，维护团队的稳定，那你就得和你的合伙人们一起成长，甚至你要比你的合伙人伙伴们成长得更快点。

和家人、朋友也是如此。很多家庭主妇之所以会被边缘化，是因为她们做了全职宝妈之后，就成了围着孩子、老公、厨房转的"三围"女人，不了解最新的社会动态，不了解社会发展，连微信都不会用，连朋友圈都不会发，与社会严重脱节，跟不上家人的成长步伐。丈夫想和你交流，除了家长里短，几乎都无话可说，孩子和你无法沟通，朋友之间沟通也会越来越少。长此以往，你和家人、朋友之间的距离会越来越远。

其实，最好的陪伴就是和对方一起成长。想做到一起成长，你需要与时俱进，了解新兴事物，与家人、朋友同频。

多帮助对方

多帮助对方，尤其是帮助他实现梦想，帮助对方是往关系账户中"存钱"的一种很好的方式。谁都喜欢有人相助。如果你能花点时间帮助你的家人、朋友成长，我想你很快就会成为一个很受欢迎的人。

梦想是人这一辈子最想实现的目标。当你获得了你梦寐以求的事物或实现了你既定的目标时，你会获得极大的满足感。如果你有能力帮助他人实现梦想，我想他们会感恩你一辈子，他们对你的信任度会很高，你们之间的关系自然不会差。

当我和我的老师徐东遥一起合作出版了人生中的第一本书，我对我老师的感恩之情难以言表。

移动互联网创业也可以这样。你可以帮你的爱人出一本书，和他一起去旅游。你可以为你的孩子做一本成长相册，出一本他的成长传记。你可以帮你的合伙人成交一个大单，招募到一名大将，帮他实现讲师梦。你甚至还可以帮你的客户实现他的一个梦想……

当我们能帮助身边更多人实现他们的梦想时，我相信你的关系账户会"存款"多多，不用担心透支。你会成为一个很受欢迎的人。

如何经营好微信朋友圈？

众所周知，现在的社交不再局限于线下见面，还包含网络社交。以前洽谈商务要依靠电话，约定时间见面，见面之前需要对自己的外形先进行包装，这既是对对方的尊重，也是自我专业的展现。但是在现在这个信息快速传播的移动互联网时代，很多商务洽谈可能是通过网络。

当今社会我们使用最多的网络社交工具是什么？是微信。如何能让我们在和别人通过微信相识之初，就快速获得对方的好感，并成为对方心目中的明星？这需要我们打造极具魅力的朋友圈社交形象。具体而言，需要从以下几个方面着手。

1. 微信头像构图技巧

微信的几大基础设置里，微信头像应该是最惹人注意的了，也是最能暴露我们缺点或者成就我们的细节。微信头像是我们朋友圈的门面，是我们的形象代言人。如果你想让自己在微友心中建立好的形象，务必要重视微信头像的设置。

微信头像设置的注意事项

我（殷中军）个人觉得，想打造个人品牌的女性选择使用自己的照片作为头像，更真实，也会增强好友的信任感。

因为微信朋友圈个人品牌和粉丝之间社交的核心是人与人之间的关系，要建立起相互之间的信任，用自己的照片再合适不过。

用自己的照片做头像需要注意一些细节。

如下图所示。

```
                        ┌──────────────┐
                        │   微信头像    │
                        └──────────────┘
            ┌──────────────────┴──────────────────────────┐
    ┌──────────────┐                              ┌──────────────┐
    │     选择      │                              │     不选      │
    └──────────────┘                              └──────────────┘
            │                          ┌──────────────┼──────────────┐
    ┌──────────────┐            ┌──────────┐  ┌──────────┐  ┌──────────┐
    │   自身头像照   │            │  全身照   │  │  风景照   │  │ 背景杂乱照 │
    └──────────────┘            └──────────┘  └──────────┘  └──────────┘
            │
    ┌──────────────┐
    │   展示美好一面  │
    └──────────────┘
            │
    ┌──────────────┐
    │     拍照前     │
    └──────────────┘
      ┌─────┴─────────────┐
┌──────────────┐   ┌──────────────┐
│   注意发型     │   │  背景干净整洁  │
│   女性化淡妆   │   └──────────────┘
└──────────────┘
```

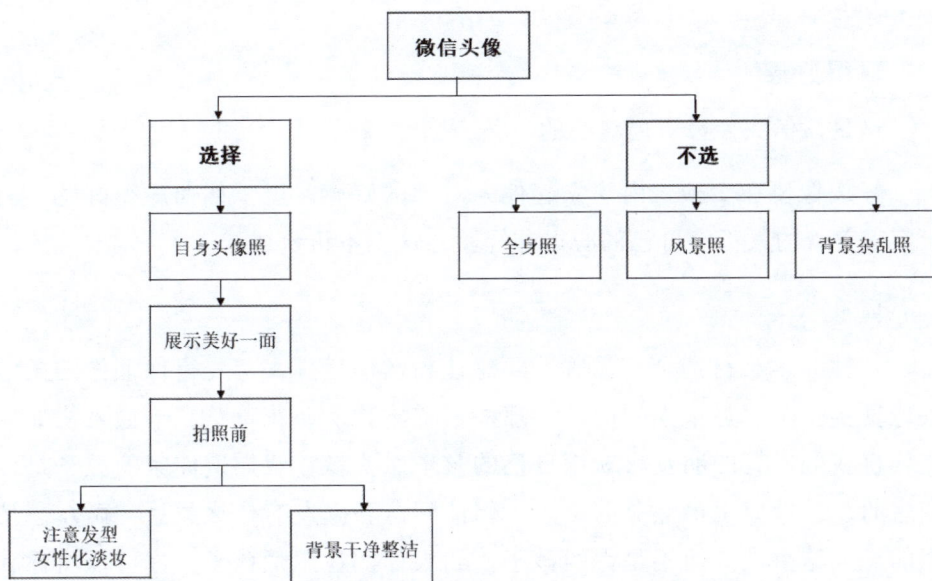

微信头像设置的注意事项

微信头像设置的技巧

朋友圈的头像设置也有技巧，要根据自己的商业定位及类型设置。

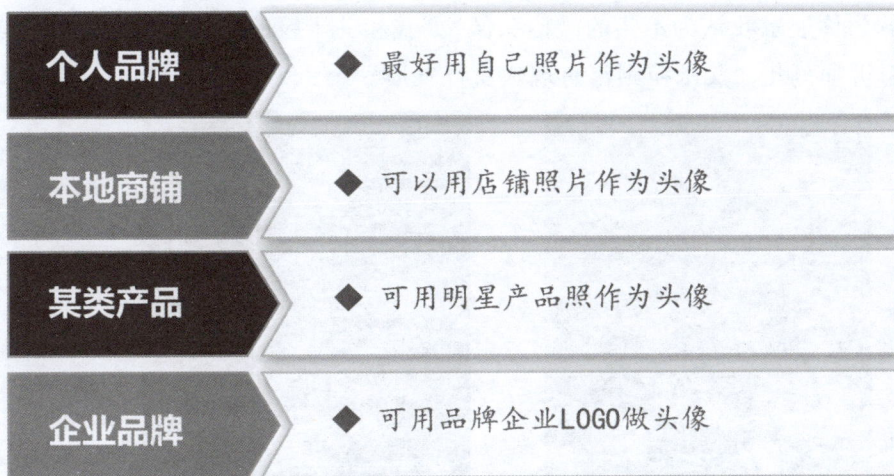

个人品牌	◆ 最好用自己照片作为头像
本地商铺	◆ 可以用店铺照片作为头像
某类产品	◆ 可用明星产品照作为头像
企业品牌	◆ 可用品牌企业LOGO做头像

不同类型微信头像设置的技巧

微信头像设置的基本原则

赢得好感

这是微信头像设置最核心的一条原则。

好头像要在 1 秒之内建立起他人对你的好感。至于如何赢得好感，有一定审美观的人都有自己的心得和经验，这里不再赘述。

真实

女性要学会打造个人品牌，要想让粉丝信任你，首先得保证你的微信头像真实。头像是个人的门面，那些猫猫狗狗、花花草草、卡通人物如何能代言我们？有的朋友喜欢用自己的孩子做头像。我知道你家的孩子是你亲生的，是世界上最漂亮的孩子。但请问这和微友有什么关系？微友想认识的是你这个人，而不是你的孩子。如果你实在想晒孩子，你可以将你和孩子的合照作为头像。

总之，你要让微友从微信头像就对你产生一个初步的好印象。

我身边有朋友喜欢将养的猫、狗等宠物照作为微信头像，我认为这些头像并不利于我们打造个人品牌。

为你展示我认为不错的微信头像，如我和艾米粒的微信头像，就很真实。我有讲师范儿，艾米粒则富有现代女性气质。

我的微信头像之一　　　　　　　　艾米粒的头像

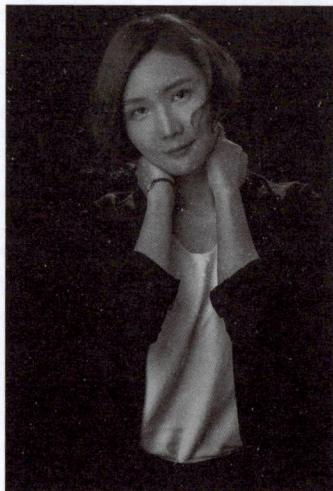

避免雷区

微信头像的雷区有哪些呢？如我们以上所说的小猫小狗、风景照、宝宝照，或者背景杂乱照，都是不利于我们打造网络社交形象魅力的。

得体

很多女性朋友很随意，将自己随便拍的生活照用作头像。其实你的微信头像不仅只是头像，还兼有营销的功能。

生活照作为头像不是不可以，但一定要得体，让别人看到你的头像就觉得你是成功人士，这样你才能吸引客户、合作伙伴，否则同样的产品，别人为什么一定要买你的产品，要跟你合作？

建议准备打造个人品牌的女性最好去拍一套写真，将自己拍得美一点，拍得像成功人士，这会为我们加很多分。

吸引人

打造个人品牌，你的头像除了要美，还要有吸引力，能引起别人的好奇心。好的形象照最好能让别人一看就知道你是做什么的，那么有这方面意向的人自然会主动联系你。

有的女性将自己和爱车的合影作为头像，有的会将自己和品牌或产品融合后的图片作为头像，这些都可以。原则就是让你显得真实、可亲、专业，符合你的个性特质。总之，要让别人感觉我们是成功人士。

其实生活中无处不营销，你身边任何一样不起眼的东西有时候都能成为宣传你、提升你知名度的营销工具。

有亲和力

没有人愿意面对一个冷冰冰的人，朋友都希望眼前的你是一个有温度、知进退、有亲和力的人。那么，换位思考一下，你的微友也当然希望面对一个有温度、很亲切的你。

移动互联网颠覆了众多事物，这个时代拥有亲和力的人将更吸引人，更能迅速吸引众多粉丝追随你。移动互联网时代，社交时代，有温度是个人品牌很重要的一个特质。无论你是移动互联网创业者，还是创业导师，或者是你圈子里的意见领袖，都要懂得亲民。你的头像也是如此，一个有亲和力的头像显然比一个一脸严肃的头像更吸引人。

如何打造极具魅力的微信头像？

专业拍摄

个人形象照拍摄的四大原则：

a. 展现个人特色。个人形象照要和你的年龄、自身个性特色相符合；

b. 突显个人定位。你的形象照要和你的个人定位相吻合。如果你是演说家或讲师，可以手拿话筒做出演说的姿势，让人一目了然；

c. 精心打造形象。形象照代表你的个人品牌、形象，自然要精心打磨。拍摄之前需要和化妆师、摄影师沟通好；

d. 专业摄影打磨。建议选择一家专业的摄影工作室，可以请朋友推荐，因为有口碑的摄影工作室通常更靠谱。

关于专业拍摄的建议：

a. 提前预约专业摄影师。因为涉及打造个人品牌，建议找一个专业的摄影师拍出专业的个人形象照，毕竟形象照很重要。专业摄影师稍微贵一点，但对于打造个人品牌带来的影响和价值来说，这些投资其实是值得的。投资个人品牌将会为我们创造百万元以上的价值；

b. 提前沟通好形象预设。你要和摄影师说好你需要什么样的形象照，最好把你比较满意的形象照样片给摄影师看，这样会节约很多时间，也更容易拍出你满意的形象照；

c. 确认最后的拍摄成品。严格把关，选择你最满意的一张形象照用作微信头像，最好各大社交平台统一使用，不断加深粉丝对你的认知和熟悉感，让你的个人品牌形象深入人心。

卡通形象

卡通形象设计的原则：

a. 吻合真实形象；

b. 展现"萌味"气质；

c. 突显个人定位。

卡通形象设计的注意事项：

a. 提前沟通专业设计师；

b. 准备好个人形象物料；

c. 确认最后的设计成品。

Logo 头像

Logo 头像设计的原则：

a. 专业设计；

b. 简约易懂；

c. 定位明确；

d. 品牌效应。

微信头像要与时俱进

好的头像能让人产生亲切感、信任感。另外，微信头像也要与时俱进。这个就要根据自己的事业发展而定了。如果你的事业发展已经达到了一定的高度，拥有了自己的团队，创立了属于自己的品牌，这时可以考虑选择带有个人品牌 Logo 的图片作为头像，更凸显我们的专业和规模。

我一开始是以一张网络照片作为头像，那张照片是一个比较帅的小伙子，但不是我本人。当我进行移动互联网创业之后，我就将头像换成了我的个人形象照，让我看起来更真实、更专业、更像成功人士。但随着事业的发展，我开始将讲师照作为我的头像，让别人一看我的头像就知道我是做什么的，减少了沟通成本，也便于我的自传播。

但请切记：切勿频繁更换个人微信头像。

2. 微信昵称设置技巧

微信昵称的价值

微信昵称相当于我们的名片。想要打造自己的影响力，一定要设计好昵称。

你的微信昵称，就是你的品牌名。市面上的一些大品牌，命名时都是非常讲究的。因为懂营销的人，他们都知道品牌名的价值是巨大无比的，甚至有人说一个好的品牌名，它可以省去几百万元、几千万元甚至上亿元的广告费用。

国际知名品牌香奈儿，听到这个名字的时候，你能联想到什么？我能联想到香水。但香奈儿卖的产品不仅仅是香水，还有其他的。但是大家对这个品牌名的认知，就是看到香奈儿就能联想到香水这个产品。它的品牌名，可以说已经是很成功了，它几乎成为香水这个产品的代名词了。因为你想到香水，你就能想到香奈儿，想到相爱。一个品牌能和一个产品挂钩的时候，这个品牌名是非常成功的。

假如你的昵称，能成为某某领域的代名词时，那么你可以想象一下这个时候，你的昵称多值钱。比如，提到马云，我们会想到传统电子商务，他现在甚至已经成为电子商务的符号了。

不合格的微信昵称

比较常见的不合格的微信昵称有：

a. 表情昵称。有的人随便用一个表情符号就作为昵称，但表情符号不能让人第一时间找到你；

b. 符号昵称。我见过有朋友的微信昵称是个句号，很个性，但表达不清；

c. 电话昵称。用电话号码作为昵称，效果不美观并且营销性质太强；

d. 火星文。由冷僻字等非正规化文字符号组合而成；

e. 用 A 开头。很多社交电商、保险从业者会在昵称前面加上 A，是为了占领微信通讯录的"制高点"。在微信刚兴起时可行，但现在反而会引起他人反感，适得其反。

好的微信昵称的三大特点

微信昵称的作用是方便对方称呼、备注、记忆。

因此好的微信昵称具有三大特点：好读好记、定位明确、真实可信。

好读好记

微信昵称如何起才能好读好记？

不要太长，一般不超过七个字。

不要使用任何非名称附加内容。

给你的昵称赋予一定的寓意或价值。

定位明确

如何在昵称中体现个人定位？

微信昵称和定位关联。让人知道你是谁，你是做什么的，你取得的成就，让人能快速找到你。

突显个人定位的昵称命名方法：行业 + 昵称；行业 + 职位 + 昵称。

上述方法是最常见的命名方法。

真实可信

因为是在互联网平台，你和大部分微友间并不认识，信任还未建立，此时用本人真名会更容易让别人信任你。我建议女性创业者尽量用自己真实的姓名，这样容易被记住，也容易建立信任感。

我身边经常会有一些项目，这时候我会想到联系我之前认识的微友，看有没有合作的可能。但当我按照记忆中的称呼搜索他时，就是找不到这个人。为了省时，我只得联系其他人谈合作。事后我才知道原来对方经常更换自己的昵称。所以，当你使用自己的真实姓名时，别人即使没有备注，也能在第一时间联系到你，你的事业机会自然会增加很多。

但有些人会觉得自己的名字很普通，同名同姓者太多，不是很喜欢怎么办？这时我们可以根据自己的定位重新给自己起个朗朗上口、易于传播，同时又寓意美好的新名，或取一个体现个性的笔名。

比如我的恩师徐东遥老师的本名很普通，同名同姓太多，网上能搜出几百上千个同名同姓的人，显然不利于他个人品牌的传播。于是他根据自己的喜好，将名字改为徐东遥，寓意是紫气东来、逍遥自在。符合他自己的性情和追求。就这样，徐东遥这个名字传播度越来越广，影响力越来越大。现在很多人甚至只知道徐东遥而不知道他的本名了。

我比较幸运，殷中军这个名字同名同姓者极少，所以我不用担心别人记不住。名著《世说新语》中有个名人殷浩，官职为中军，人称殷中军，之前百度殷中军，都是他排在最前面。但经过我的努力，目前在百度搜索"殷中军"三个字，殷中军新浪博客是排在百度首页第一的位置。这恐怕得益于我的名字特异性较高，还有就是我会定期更新我的新浪博客。

3. 个性签名编写策略

微信其实是非常好的打造个人品牌的社交工具。个性签名作为微信的一部分，也是一个可以免费推销我们的文字广告位。

个性签名不像头像、昵称那样直观，别人第一眼看到的只是你的头像、昵称，他需要点进你的头像、再点你的个人朋友圈，才能看到你的个性签名。也就是说，只有对方想要去了解你的时候，他才会去看你的个性签名。但即便是这样，个性签名也是非常重要的，它就像户外的广告牌上的文案一样重要，应该被我们好好使用。

个性签名常见的问题
很多人微信个性签名都存在以下问题。

不写个性签名

户外的广告牌是很大型的一个广告位，如果其中缺乏文案，你会觉得少了点什么。个性签名亦类似。但是很多微友的个性签名留白了，浪费了这个广告位。

个性签名不说人话

还有的人，个性签名不说人话，胡乱地写了一串数字或符号，也不知道想表达什么。

个性签名只触动了自己

他把自己给感动哭了，但是微友不知道他想要表达什么。这种个性签名也是很常见的。

个性签名对个人定位不聚焦

比如有人这样写个性签名：我喜欢读书、喜欢写作、喜欢音乐……写了一大堆。他的个性签名，让人不知道他要表达的重点是什么，不知道他聚焦的领域是什么。这样的个性签名效果大打折扣。

好签名的四个基本特点

我经常跟人说，一个好的个性签名就是一句话卖点文案，直接决定了用户会不会买你的账。为什么这么说？因为微友点开你的头像、点开你的个人相册时，他看到的就是你的个性签名。如果你的个性签名打动了他，他才会有动力去看你的朋友圈，进一步了解你。

一个好的个性签名，我认为至少应该有四个基本特点。

内容要足够简洁

微信的个性签名是有限制的，只有三十个字，但是，建议你的表达简洁明了，最好控制在十五个字以内，方便微友记忆。

定位足够明确

你要让微友看了之后很快就明白你是从事哪个领域工作的，后期他有相关需求会在第一时间就能想到你。比如，你是做新媒体的，那你的个性签名要和新媒体有关；你是做营销的，就定位营销专家；你是做保险的，就定位保险从业者；你是社交电商，就说是社交电商从业者……你要定位好自己，让微友看了之后明白你是做什么的，否则会浪费你的个性签名。

彰显个人特色

你是独一无二的。你不需要去抄袭别人，也不需要写那些"鸡汤"，你只要把自己的想法和特色表达出来即可。

强烈的价值共鸣

当别人比你优秀时，你会特别想去向他请教和学习，这是人性。你的个性签名最好能呈现出你个人的价值，呈现出你的高价值，让别人觉得你是有真才实学的。因为只有这样的人，普通人才愿意跟他交往。

如何写出属于自己的个性签名？

如何写出属于自己的个性签名，分三步走。

首先，找到你的个人定位。

你的定位是什么？你在哪个方面比较擅长？你做出了哪些成绩？

其次，找到修饰个人定位的词语。比如说"个人品牌"打造专家等。

最后，不断打磨。好的文章是打磨出来的，好的个性签名也是如此。在编写个性签名过程中你需要不断思考、尝试，最终确定一个比较理想的个性签名。

写好个性签名的四大策略

写好个性签名，还需要一些好的策略，主要有以下四个方面。

强化个人品牌标签

例如，确定好个人标签后，就在这个领域深耕，将自己的标签固化，提升自己的影响力。

传递个人价值观

通过一句话签名去表达你的三观及人生使命。比如我的使命是帮助女性轻创业。我的愿景是共建一所创业者大学，一起建设几十所大学。我的人生原则是合作共赢。

自嘲自黑

一句话签名也可以不失风度地自黑一下，这也是一种好的策略。比如"一个打着灯笼也找不到的黑男子"这句个性签名，主人本人可能比较黑，他就自我调侃一下。但在微友看来，他其实还是挺有幽默感和才华的。

作为公告提示

比如我的微信好友很多，已经满员了。我会这样说：本号已满员，商务合作请加新微信号。

个性签名的四种写法

为女性朋友推荐四种个性签名的写法。

专业领域

用个性化语言标注清楚你这个人是做什么的，能为他人提供什么样的价值。这也是我首推的个性签名写法，这种方法其实是自我营销的好法子。

比如，你是卖彩妆产品的，对彩妆知识了解很多，然后又想将事业机会介绍给更多朋友，你可以说自己是"传播彩妆事业的致富领路人"。如果你是做婴儿奶粉的，可以写"专注婴儿营养十一年"。

行业身份

如果你是某协会负责人、成员，或行业领军人物，你可以将你的行业身份作为个性签名，让人一目了然，这样容易建立权威身份和信任感。

价值提供

写明你可以为对方提供的价值。这是一种推销自己和宣传自己理念更为直接的方法。

正能量语句

很多女性朋友喜欢将一些正能量语句作为自己的个性签名，这也是为他人提供价值的方法。

个性签名作为一种免费推销自己的好工具，女性朋友一定要用好。如果你觉得你的文笔很一般，想法也不多，那么你可以借鉴一下其他朋友的个性签名。俗话说，他山之石可以攻玉。

4. 朋友圈背景图设计策略

朋友圈背景图为我们提供了一个相当好的免费广告位。这个广告位可以放纯图片，也可以放图片和文字的结合体。

我们了解一个微友时，会习惯性先点开对方的朋友圈，看对方是做什么的。所以，很多时候朋友圈背景图比个性签名还重要。因为个性签名是在个人相册下面的"更多"中，需要我们点两次才能看到，很多微友可能不愿意点开。

但朋友圈背景图点击很方便，而且和你的朋友圈直接相连，微友点击的概率极高。按照正常的视觉呈现来看，我们点进个人相册，第一眼看到的就是你的朋友圈背景图，接下来才是你曾经发过的朋友圈内容。

由于不同的手机，展示出来的图片效果不一样，因此我们在制作朋友圈背景图时一定要控制好图片尺寸。建议大家将核心信息放到图片的中心位置，这样就不用担心你的重要信息被掩盖了。

朋友圈背景图的具体展示方式

朋友圈背景图的具体展示方式主要有如下几种：

a. 个人形象照型。你可以将自己的形象照展示在朋友圈，让微友看到一个有个性、有气质的你；

b. 行业成就型。你可以将取得的行业成就以及所能提供的价值和资源标注在你的形象照（个人海报）上，将你的个人名片营销价值最大化。

朋友圈背景图常见的问题

很多人并没有利用好朋友圈背景图，浪费了资源。

a.朋友圈背景图被空置。有的微友将朋友圈背景图留空，白白浪费了很好的广告位。

b.朋友圈背景图太模糊。朋友圈背景图不够清晰，会让微友的视觉体验欠佳。

c.朋友圈背景图脏乱差。此种情况对微友的视觉体验会非常不好。

d.相册广告味太重。有些人会把广告放进朋友圈背景图里面。关键是你的广告又不好看，还摆在朋友圈最显眼的地方，这会让微友很排斥。

优秀朋友圈背景图的设计标准

好的朋友圈背景图可以参考如下设计标准：

a.图片大小：1280dpi × 1184dpi 为佳；

b.文案：简短、字体够大；

c.背景：纯色、干净、统一头像；

d.风格：各大网络平台的形象风格统一。

优秀朋友圈背景图的四个策略

我总结了朋友圈背景图的四种设计策略。这四种策略其实都是在秀你的高价值、品位、三观。

a.秀品味。把你的品味秀出来给微友看。你的朋友圈背景图要好看，把美感呈现出来，这是一个最基础的部分。

b.秀三观。可以在朋友圈背景图里面秀出你的价值观、世界观、人生观。

c.秀成绩。可以秀一秀你的个人成绩。如何秀？比如，你过去曾经在某个大型的线下活动中做过分享，有很多听众在听你演讲，你可以将你在这种场景演讲的清晰照片作为朋友圈背景图。这是一个很好的展示，表明你是一个讲师、演说家，是一个很厉害的人。再比如，有些人获得了某项重要奖项，可以将他领奖的照片做朋友圈背景图。

d. 秀品牌。分为两种，秀个人品牌和秀企业品牌。无论个人品牌还是企业品牌，都需要精心设计，并明确你的定位，即你能为客户提供何种服务及价值。

如何设计有美感的朋友圈背景图？

如何设计好的朋友圈背景图？

找美图

找有美感的图片作为你的朋友圈背景图，在这里推荐 www.pexels.com。这个网站可以提供大量免费的图片，图片非常有美感，而且背景看起来很舒服、简洁。此网站的图片，不仅可以作为朋友圈背景图，还可以作为 PPT 的首页。

自己独立设计

有些伙伴可能不想直接用一张图片，打算自己设计朋友圈背景图。但是设计水平又不高，怎么办？在这里推荐一个非常简洁、比使用 PPT 还简单的设计方法，即用创客贴网站进行设计。创客贴免费、付费的模板都有，免费的其实已可以满足大部分网友的需求了。

找专业设计

如果你觉得自己的设计能力很差，即使借助模板设计图片做出来的效果也不好，或者你是完美主义者。那么我建议你去找专业的设计人员，花点钱解决问题。对专业的设计师而言，做朋友圈背景图很简单，只要你把想法、定位告诉他们，他们就能很快做出漂亮的朋友圈背景图。

设计好朋友圈背景图的秘诀

不管你是找美图还是自己设计，或是找别人设计朋友圈背景图，都需要了解打造朋友圈背景图的秘诀。

美感

无论你采用哪种方式设计朋友圈背景图，一定要让你的朋友圈背景图具有美感。

价值

最好能在你的朋友圈背景图里注入价值的元素，让你的朋友圈背景图显示你的个人价值，把你的高价值呈现出来，让别人一眼看过去，就觉得你很有能力、很专业，需要相关服务时第一时间能想到你。

品牌

要凸显你的个人品牌或者企业品牌，让别人一下子就知道你是做什么的，获得过哪些突出的成绩，进而持续打造你的个人品牌和影响力。

我希望你的朋友圈背景图成为你的第二张脸。你的第一张脸是你的微信头像，微友看到你的微信头像，觉得你很美、很有气质。但点进来一看，发现你的朋友圈背景图很差劲，微友刚建立起的好感一下子又被破坏掉了，损失惨重。

如何迅速提升你朋友圈配图的格调？

常见的朋友圈配图存在哪些问题？

想提升朋友圈配图的格调要去哪里搜图？

有哪些能拍出朋友圈美照的手机自拍神器？

哪些修图工具可以让你的朋友圈瞬间高大上？

1. 如何找到优质的朋友圈精品配图？

这是一个看颜值的时代，朋友圈配图美不美、精不精致会直接影响你在微友心目中的形象。

常见的朋友圈配图问题

不高清

朋友圈配图清晰度不高。

脏乱差

随便找了张格调不高的图片，或者拍照时因为不够专业，拍照背景、构图方法欠佳，导致拍出来的图片没有美感，甚至看起来很不舒服。

尺寸小

图片太小，显得小家子气。

不克制

图片太过刺激了，比如惊悚或容易引起他人不适的图。

去哪里搜高大上的朋友圈配图

大片图

Pixels、摄图网等网站可以搜索到大量具有电影大片质感的图片，可以瞬间提升你朋友圈图片的格调。其中，Pixels 需要借助英文搜索。

审美图

花瓣网上拥有很多美感十足的图片。我的很多设计师朋友经常在上面寻觅美图。花瓣网有 PC 端官网、微信公众号、小程序，我现在更喜欢在花瓣网的小程序上寻找精致的图片，保存到手机上，方便发布朋友圈。

人物图

百度图片可以搜索到很多图片，在人物图方面其具有较大的优势，清晰度更高、选择范围更大。寻找名人、明星图片，优选百度图片。下载图片时要选择最大尺寸。

设计图

做设计图，可以选择创客贴、微商水印相机等平台。前者有 PC 端官网、微信公众号，可以在上面设计个人海报、节日海报、课程海报和营销海报等。后者也具有前者的功能，但它是 App，方便在手机端操作，而且设计营销图片的功能更丰富。

2. 拍出朋友圈美照的手机自拍神器

如今手机本身简单的拍照功能已经不能满足自拍者的需求，因此出现了很多可下载的手机自拍软件。这些自拍软件大多具有一键美白、全自动磨皮、降噪、瘦脸和美化眼睛等功能。除了手机之外，经济宽裕的伙伴们还可以购买专业的单反相机或某些高级的付费自拍神器软件。

滤镜神器相机 360

App 相机 360 集两百款以上精彩滤镜、拍照、编辑、分享和云相册于一体，深受社交电商朋友们的喜欢。它具有六大拍摄模式、十五种特效滤镜。其中甜美可人和清晰丽人这两种色调很适合广大创业者。

App 相机 360 的五大亮点：

a. LOFT 和弗莱胶片特效，打造时尚大片；

b. 插件化相机与特效的管理；

c. 扁平化设计简洁时尚，交互体验质量不断提升；

d. 全新的相册布局，让照片排列美观，查看照片更方便；

e. 拥有裁剪、美化、拼图等功能，还可以增加特效，让照片更美。

电影主角潮自拍

App 潮自拍由美图出品，它最大的卖点是庞大的滤镜库和简单粗暴的美颜模式，它的整个画面风格具有极强的电影画面感，很适合想拍出具有电影质感照片的朋友。此外，用 App 潮自拍拍摄产品图片可以提升产品的格调和质感。

App 潮自拍的五大亮点：

a.电影滤镜，效果更华丽；

b.聚焦美丽，五官更精致；

c.实时美颜，照片超自然；

d.随机特效，选择不再难；

e.模式多样，自拍更简单。

卖萌搞笑 Faceu 激萌

美颜相机软件 Faceu 激萌可以在你脸上叠加具有动态的贴图和道具，制作出卖萌搞笑的照片。

Faceu 激萌的四大亮点：

a.动态贴纸：人脸识别贴纸自动跑到你脸上，瞬间让你萌化；

b.美颜滤镜：美颜效果更自然；

c.视频通话：视频加贴纸，聊天不单调；

d.美照分享：随手就能拍美照，还能一键分享。

千变万化画中画相机

该款相机 App 的自拍效果丰富，拥有二十九种滤镜功能，操作简单方便，是女性自拍神器。

画中画相机的三大亮点：

a.艺术感：从构图、色彩两方面彻底美化，让你的照片带上浓浓的艺术气质；

b.明星在用：很多明星、达人也在使用该款相机 App；

c.围观效应：独创特效，让你的照片与众不同，吸引微友来围观。

3. 让朋友圈、抖音瞬间高大上的九款修图工具

刷朋友圈本来是件很简单、很享受的事，但刷着刷着你的心情很容易变成伦敦的天气，一会儿晴，一会儿阴。有时候，你会觉得看微友的图片是种视觉享受，有时候则相反，是种视觉污染。

具有同理心的我们，也会联想到微友看我们朋友圈时的感受。

为了让微友刷朋友圈时产生视觉美感，我们需要提升朋友圈配图的精致程度。

不会拍美照怎么办？我们可以通过一些修图工具来弥补我们的不足。

Piczoo

这款软件的亮点在于滤镜多样，自带多种光效，还可以拼接图片，偏向小清新风格，很适合文艺女性。

PhotoGrid

很多女性觉得朋友圈只能发九张图太局限了，有那么多美照要发布怎么办？可以使用该款软件进行照片的拼接。

此外，PhotoGrid 还很有趣，可以制作大头贴、斗图等各种搞怪贴纸。

分图

这款软件在抖音上很火，是款热门软件。其功能与 PhotoGrid 类似，可以大量拼图。但它很有"调性"，尤其适合年轻人。

Spring

Android 系统和 iOS 系统均可以安装 Spring。它是一种非常好用的修图工具，能在一秒钟之内让你变瘦、变高，让你拥有大长腿。尤其适合不知道如何帮女朋友拍出美照而头疼的男性朋友。

Spring 只有三种功能，简单易操作：

a. 让你变高或者变矮；

b.让你变胖或者变瘦；

c.让你的脸蛋变大或者变小、变长或者变短。

Snapseed

Android 系统和 iOS 系统均可以安装 Snapseed，这是一款手机后期处理软件，它具有亮度、对比度、饱和度、阴影和高光等图片基础调节功能。Snapseed 的滤镜功能也具有自己的特色，它的每一种滤镜都支持不同细节的调整。

Snapseed 的三大亮点：

a.拥有非常好的滤镜效果；

b.基本参数调节功能；

c.操作起来很灵活。

通过 Snapseed 这款数码相片处理软件，任何人都可以轻松美化、转换和分享其相片。凭借 Snapseed 内置的 Google+ 功能，你能更方便地与亲朋好友分享相片。

留白

我经常在朋友圈看到微友转发他人的日签图片。其实，我们完全可以不用转发日签，自己来设计专属的日签图片，提升自己的原创度及品味。留白 App 此时可以派上用场了，但是它只适用于 Android 系统。iOS 系统建议下载日签版。

留白的两大主要亮点：

a.提供了多种图文排版样式，将文字、署名和日期安置在图片以外的留白区域，把你记录的每一个精彩画面都变成有故事的留白卡片；

b.把来自世界各地的动人瞬间汇集到广场页面，把一张张优雅的留白卡片向大家呈现，让微友看到世界另一个角落的精彩。

天天 P 图

天天 P 图备受女性朋友青睐，它具有边拍边处理功能，方便快捷，可以节省我们创业者很多时间，而且拍摄效果也很理想，适合广大希望拍出美照的女性朋友。

美图秀秀

该款软件具有修脸、图片特效、美容、拼图、场景、边框和饰品等功能，加上每天更新的精选素材，可以做出影楼级照片。美图秀秀不需基础，且具备人像美容、图片特效、拼图功能、动感 DIY 和分享渠道等亮点。

美图秀秀具有一键九宫格切图的特色功能。但是最新版本的美图秀秀已经将九宫格切图功能单独分割出去了。如果要使用美图秀秀做九宫格切图，推荐使用 PC 端软件。

图片合成器

这款软件在 Android 系统和 iOS 系统均可以安装，它能让你在朋友圈发布一些有档次的配图。

它有多种有趣的拼图玩法。众多玩法中，总有一种适合你。比如温馨甜蜜的"合照吧"、如临仙境的"海市蜃楼"、神乎其技的"魔幻天空"、恶搞逼真的"怪兽入侵"、充满回忆的"我和我的小时候"和惊悚恐怖的"别回头"等。

图片合成器的拼图操作很简单，选择一种合成样式，在左右的方框内各选择一张图片或图标即可完成炫酷的图片合成。

上述几款修图软件可以单独使用，也可以组合使用。其中，Snapseed这款软件基本可以满足绝大部分人的修图需求。

女性创业篇

|第5章|

女性急速崛起之路：
如何借助互联网创业逆袭跃迁

女性就像茶包，放入开水中，才能泡出好味道。

女性如何开启自己的事业？

女性，当你通过学习、提升，获得成长之后，为了不再依赖丈夫，让丈夫看得起，成为孩子心中的榜样，你一定要拥有自己的事业。你可以在传统行业中寻找一份工作，发展自己的事业。我（殷中军）建议你最好找一份能充分发挥自己潜能的工作，这样你会成长得很快。

如果可以，我建议你通过移动互联网创业。为什么？

美国管理学家施恩在《职业锚》一书中提出"职业金字塔模型"，分为行业、企业和职业三个坐标。在过去，你只要找到一个好的组织，跟着这个组织一起成长，你这一辈子也可以过得很不错。

然而，随着移动互联网时代的到来，旧的职业价值坐标系在改变，并呈现出以下变化。

1. 组织寿命在变短

当下，一个中关村中小企业的平均寿命是一年，全球中小企业的平均寿命约为三年。

这意味着，想在一家公司工作到退休，可能性越来越小，传统的职场发展轨迹不再可靠，"从一而终"职业观将彻底改变，跳槽将成为潮流。

2. 行业变化加快，行业边界消失

行业内部更新迭代加快，如智能手机行业，基本上是 5 ~ 7 年迭代技术、换一批公司。

此外，行业间的跨界越来越频繁，行业与行业间的边界在消失，行业之间的大门变得越来越开放。其他行业过来和你竞争的人越来越多。比如郭敬明，他靠写作积累了众多粉丝，借助《小时代》成功跨界影视圈，当上了电影导演。

3. 人们更关注新的职业坐标

新媒体关注：圈内百万级大号 > 成为市场部总监。

产品经理关注：做出好产品 > 产品总监。

求职者关注：平台增长速度 > 平台大小。

人们如今更关心的是同行圈、同业圈、粉丝圈，而不是同事圈。在移动互联网时代，个体逐渐从组织中解放出来，以自己为中心建立起一个新的职业坐标系。

全新的职业价值坐标 = 圈子影响力 × 能力 × 特色。

所以，今天的职场中，最厉害的人不再是大众偶像，而是各个垂直领域中有影响力的人。

未来，那些纯靠工作年头和资历混到企业中高层，但又没有进入资源层的人将危机重重。

而移动互联网创业可以让你有机会迅速在自己的圈子中建立影响力，

实现事业的逆袭。此外，很多移动互联网事业时间比较自由，女性在工作之余，还可以兼顾家庭，很适合要照顾孩子和家庭的全职主妇群体。而且移动互联网创业符合大趋势，潜力无限。

《富爸爸穷爸爸》的作者罗伯特·清崎后来又写了《富爸爸商学院》，在这本书中，罗伯特·清崎建议人们，尤其是需要照顾家庭的女性通过网络营销开启自己的事业。

理由如下：

网络营销是一所社会商学院；

真正平等的机会；

改变人生的商业教育；

你将交到一批支持你而不是打击你的志同道合的朋友；

建立属于你的人际网络圈子；

培养你投入商业领域的技巧；

培养你的领导力；

点燃你的梦想；

让你不再为钱而工作；

让女性获得成长，婚姻更稳定；

夫妻可以一起参与。

网络营销拥有如此多的优势，吸引了无数既需要照顾家庭，又想拥有独立事业的女性加入，并且改变了众多女性的命运。

而借助移动互联网创业，比如做社交电商，便有着与网络营销一样的优势。而且由于是借助移动互联网创业，它比网络营销的优势更明显，更适合需要兼顾家庭的女性。

随着移动互联网的发展，未来将是个体崛起的时代，评价个体价值的标准将是全新的职业价值坐标系，这个职业价值坐标系中的核心因素有三个：圈子影响力、能力、特色。

个体崛起的时代，每个人都可能成为一个品牌，未来决定你价值的将是你的品牌影响力。移动互联网创业，一方面可以帮你迅速建立个人影响力，将你打造成个人品牌；另一方面还可以让你获得更多的资源，有能力帮助更多人，影响更多人，成为更多女性的榜样。

女性创业也是如此，也许你一开始只是为了获得经济独立，为了让丈夫看得起自己，为了成为孩子的榜样，为了家庭的幸福和睦。

但随着事业的发展，你会发现，你可以帮助更多人，影响更多女性，让她们也能像你一样经济独立，提升她们在家庭中的地位。此时你的想法、思维格局都会改变，你会觉得你有责任帮助这些女性独立，让她们可以改变自己的命运。

此时，你会发现，你成长了，胸怀变宽广了，格局变大了，而且你的责任心和使命感会越来越强，到最后，你会发现，创业不再只是个体行为，而是一种社会责任。

女性的三种商业模式

作为女性，我（艾米粒）发现，如果想提升自己的个人价值，一定要升级自己的商业模式。很多人会好奇，商业模式是一个行业或公司固有的，比如，传统零售模式，互联网时代的传统电商模式、社交电商模式，但作为个人哪来的商业模式？

其实，商业模式并非仅限于行业或公司，个人也有其独特的商业模式。

那么，作为女性，具体有哪三种商业模式？

1. 个体的一份时间出售一次

作为个体，我们的生命、时间都是有限的，由此可见时间多么宝贵。

一份时间出售一次，是我们很多人在做的事。

比如，我们上班，就是在出售我们有限的时间。至于我们这份时间能卖出多少钱，在于个人的价值，以及这个社会对你的需求。你能满足的需求越多，你的价值就越大，你就可以将自己卖出高价。可见，你要想将自己的一份时间卖出高价，你就得提升自己的价值，让自己变得稀缺。

比如，一名医生在医院实习期间是没有收入的，当他正式上岗后，开始有了收入，但刚开始收入很低，干的活也是最杂的。那如果小医生想提升收入怎么办？那就得提升自己的价值。当然，在医院，医生是否值钱，除了看其技术水平，也看其资历，大医院可能还要看医生发表论文的情况。作为一名医生，你要想变得值钱，就得让自己成为专家，而这往往要花很多年的时间。所以我们可以看到，医院里面的大部分专家年龄在四十岁以上。

很多行业，如服务行业（服务员、快递员等），有天生的商业模式缺陷，几乎都是每段时间只能卖出一次，而且这些行业经验并不值钱，你的个人价值提升空间很小。

个人只出售一份时间其实具有太多的局限性，想变得稀缺，难度较大。而且个人的时间实在有限，你再值钱，你的收入都是有"天花板"的。这一种商业模式其实是比较低级的商业模式。但对大部分人来说，这种商业模式还是有市场的，只是如果你想突破时间这个维度的限制，你就得升级你的商业模式。

2. 个体的一份时间出售多份

这一种模式与第一种商业模式相比较，要高级一些。因为个体的时间是有限的，如果你能将你的一份时间卖给更多人，那么，你就可以倍增你的收入。

假设小医生想将自己的一份时间卖出高价，他可能需要熬到专家级别，然后他的收入才可能比社会上一般行业的工作人员收入高（只是高于社会上的一般行业，与金融、投资、娱乐等行业还是没法比）。那么，当小医生还不是专家的时候，他该如何提升自己的收入？那就要想办法将自己的一份时间卖出多份。

比如，他对某个领域如育婴方面很有研究，他可以将自己育婴方面的知识写成《育婴宝典》，或者录成讲座。如果他的书或讲座很受市场欢迎，为之付费的人很多，那他就可以倍增自己的收入，而且还可以成为该领域的专家和意见领袖，价值也会不断提升。

3. 购买他人的时间

这是一种高级的商业模式。为何这么说？因为每个人的时间都是有限的，你购买别人的时间，然后再通过"低买高卖"，就可以冲破"时间总量"的制约，让你的收入倍增。

这种商业模式虽然高级，但其实每个人日常生活中都在使用。比如你叫外卖或寄快递，需要付外卖或快递费用，本质就是你花钱购买了送外卖人员或快递员的个人时间。再比如，你买书，其本质也是购买了作者写书所花的时间，而且很多好书其实还包含作者毕生的智慧和经验。可见买书是多么划算的一件事。

购买他人的时间这种模式又分为两种。

第一种，购买别人的时间后卖出一份。

比如，你买书或付费学习，投资自己的大脑，提升自己，让自己更值钱，然后你再将自己的时间高价卖出。

第二种，购买别人的时间后卖出多份。

比如，创业和投资。创业是自己当老板，购买员工的时间，生产出产品或者提供服务，再卖出多份。投资是成批购买创业者或者公司的时间，不直接参与管理而获利，其本质也是购买别人的时间卖出多份。

医生如果想购买他人的时间，可以当科室主任，也可以自己创业，开私人医院。

购买他人的时间有诸多好处，可以节约大量自我摸索的时间，快速提升自我，让自己变得更值钱，还可以通过支配他人的时间，让自己拥有更多可支配的时间。这些节约下来的时间，我们可以用来做很多有意义的事情。

作为一名女性，我建议你要不断提升自己的价值，让自己变得更值钱，然后想办法将自己的时间卖出多份。如果条件允许，要学会购买他人的时间，倍增自己的收入，让自己拥有更多可支配的时间。

女性创业必修课：如何精益创业？

移动互联网时代，大众创业、万众创新。你方唱罢，我登场。然而无数创业公司都黯然收场，以失败告终。

为什么 Facebook 在六年间像病毒一样以惊人的速度传播，微信短短两年获得了六亿用户？它们的高速成长靠的是精益创业。

1. 何谓精益创业？

"精益创业"已成为目前较为流行、有效的创业方法之一。"最小化可行产品"（Minimum Viable Product，MVP）是"精益创业"中一个极为关键的概念，它提倡创业者进行验证性试验，以最小的成本和有效的方式验证研发的产品是否符合用户需求，然后灵活调整方向，挖掘用户需求，优化产品以及创新核算。

移动互联网时代，如果创业者不构建企业的 MVP，就无法在现实中被测量，更无法基于反馈来学习，只能闭门造车，无法及时获知市场的正确反馈，最后很可能偏离航向，甚至跌入失败的沼泽。

移动互联网时代，新事物层出不穷，市场瞬息万变，不确定性增强，计划很难跟上变化。传统的创业方法成本高、周期长、反应滞后于市场，已无法适应新时代的市场环境。

精益创业的价值在于，在这个动态演进、变化迅速的市场里，找到一种适应市场的可操作方式，抛弃传统的产品生产流程和冗长呆板的计划，先研发出 MVP，然后反复试验、获取反馈，通过迭代优化来生产出一个优秀的产品。

2.女性有"最小化可行产品"吗？

对于打造个人品牌和影响力的女性而言，她需要 MVP 吗？如果需要，其 MVP 是什么呢？

在回答这个问题之前，我们要明白"产品"的具体含义：

a."产品"是一种媒介；

b."产品"是结果，而非过程；

c."产品"是对原料及素材进行结构性整合和组织，而非简单堆积；

d."产品"要能被消费者使用，生产者不能将其"雪藏"起来；

e."产品"能产生正向的价值，让消费者受益。

按照上述几点来了解女性是否需要产品、需要什么产品，就不难了。比如，看一部电影的过程不是产品，但是对这部电影深入分析后写出的影评算产品；拥有写作的技能不是产品，但是通过写作写出的一本书算产品。

个人的 MVP，不在于大小、复杂与否，而在于是否符合上述几项标准。你的 MVP，作为载体可以展示你的才华，并将其传播出去，让他人"消费"，然后让你获得反馈，以便你可以做出更优质、更有创意的产品。

比如，从一篇短文到一篇长文，从一篇长文到一本书，从一本书到系列丛书；从一段短视频到一部微电影，从一部微电影到一部网络大电影，从一部网络大电影到一部院线电影……正是靠着不断积累、完善、升级，借助你的 MVP，你才能不断积累自己的名望和影响力。

弄清楚 MVP 的具体含义之后，你会明白，想做成一件事，最好是先创造出初级的、简单的 MVP，然后获得市场反馈，并不断优化、迭代你的

MVP，这样才能生产出真正优质的 MVP。如果等万事俱备，再来行动，你很可能无法创造出任何 MVP。你会被生命中不能承受之"完美"所累。

3. 为何不能"完全准备好"再开枪？

大部分人，总习惯于等条件几乎十全十美了再去做事情。旅行如此，实现心愿如此，创业亦是如此，结果很多人往往等到年迈时都没做。本来年轻时、中年时就要做的事情，一直未做，而现在几乎已无实现的可能了。我们太缺乏先行动再不断优化的习惯了。

"先做好准备再上场"、"先瞄准再开枪"，这些理念存在的问题是，你很可能一直处于准备的状态，始终无法创造出初级的 MVP，更不用说完美的"产品"了。而"先开枪再瞄准"虽然初期会让你摔得鼻青脸肿，但你会更快进行迭代，付出的时间成本更低。在瞬息万变的新市场环境下，"先行动再优化"更容易赢得时间，把握住新机遇，而且在实践过程中你的思路会更清晰、你的方法会更可行，你会获得更多的资源和信息，你成功的胜算也更大。否则，当你想好万全之策时，再审视当下的形势，机会早已进了他人的囊中。

彼得·蒂尔是硅谷著名投资家，曾创建过"20 under 20"这个资助项目，每年提供人均 10 万美元的创业经费给 20 名 20 岁以下辍学创业的大学生。显然这些都是"没有准备好"的创业者，不符合传统教育理念，一度招致了很多权威人士的反对。然而，正是这个项目培养出了一批富有创造力和敢于尝试的年轻创业者，为社会创造了大量优秀的创业项目及创新产品。

在移动互联网时代、人工智能时代，事物更新迭代的速度越来越快，只有先上路再探寻方向，才能快速把握机会。

4. 如何运用好"五个为什么"？

为了保证精益创业的质量，在执行过程中，我们需要事先设计一套流程及反馈系统。借助这套反馈系统，平衡好效率与质量之间的关系，避免因为失衡导致 MVP 的失败。我们在实施方案时可以采用由丰田生产方式（TPS）创始人大野耐一创立的"五个为什么"系统，来寻找问题的解决方案。

比如，一台机器停止运作了，你可以问"五个为什么"来诊断问题所在，并思考对应的解决方案。

a. 为什么会停机？因为超负荷，保险丝熔断；

b. 为什么会超负荷？因为轴承润滑不够；

c. 为什么润滑不够？因为润滑油泵不能有效抽压；

d. 为什么不能有效抽压？因为油泵的旋转轴磨损；

e. 为什么旋转轴会磨损？因为上面没有过滤器，以致金属碎屑掉进去造成磨损。

反复问"为什么"，可以帮你快速找到问题的症结所在，并对症下药。

5. 如何不断迭代并走向成功？

"最悲哀的，莫过于用最高效的方式去做错误的事情了。"管理学大师彼得·德鲁克曾感慨道。

精益创业过程中，输出初级的 MVP 只是开始，随后需要我们将其推向外界，并接受他们的反馈甚至批评。此时创业者该如何面对外界的反馈？大致来说，可以把外界的反馈分为三种：肯定、批评、发现盲点。

每一种反馈都有其特定的价值："肯定"能坚定我们犹豫不决的心，增强我们的自信；"批评"会促使我们反思，校正之前的不周之处；而"发现盲点"则让我们发现新的机遇，让我们的思考更加全面。

精益创业要想成功，持续输出精品，需要创业者具备不断修正甚至推倒重来的勇气。生产 MVP，就像女性生孩子，自己的孩子，怎么看怎么好，往往就忽略了其存在的不足。

如果我们想让自己的 MVP 变得更优质，就得对它精雕细琢。每一次版本的迭代升级，都是我们对自己的"孩子"认真审视和精心打磨，在此过程中，我们会为 MVP 添加一些精致的细节，或者优化它的结构。这个过程可能是一顿批评，我们需要拥有听取批评并敢于直面不足的勇气。包括微信在内的大部分产品在被市场认可之前，都经历过数次迭代，其创造者大多能听得进他人的建议，并具有足够的分辨力，方能最终打磨出精品。

将精益创业的概念用于人生中，我们要想获得足够的成功，需要做到以下四点：

a. 敢于行动，先开枪再瞄准，在行动中不断优化；

b. 直面反馈，坦然面对批评，并认真审视自己的行为；

c. 勇于再来，能接受最坏的情况，并能重新规划行动方案；

d. 不断复盘，总结经验得失，并将其用于下一个目标，取得更大的成功。

女性有哪五种创业思路？

作为女性，要想独立，需要有自己的事业。你可以找一份工作，也可以自己创业。移动互联网时代，创业机会越来越多，去创业也符合国家倡导的"大众创业、万众创新"理念。

下面我（艾米粒）介绍女性创业的五个思路。

1. 传统创业：哪些创业适合女性？

科学家认为，大多数男性是"左半球的人"，女性则是"右半球的人"。大脑左半球主管抽象思维活动，右半球则主管形象性和运动性活动。如此说来，男性比较适合抽象思维类职业，如高技术类的工作，女性则更适合形象思维类职业，如高情感类的工作。

女性在直觉、理解力、柔性和协调性等方面拥有男性无法比拟的优势，因此某种程度上，女性创业有其独特的优势。有关专家根据女性的性格特点，整理出以下几类比较适合女性的职业及创业领域。

创意服务类

以创意、执行为主要工作内容的职业，包括企划、公关、多媒体设计、翻译、编辑、服装造型设计、文字工作、广告、音乐创作、摄影和口译等。

专业咨询类

企业经营管理顾问、旅游资讯服务、心理咨询、专业讲师和美容咨询顾问等属于该类型。

此类创业以提供专业意见，以口才、沟通能力取胜，由于工作内容与场所都很有弹性，因此成立工作室，同时服务多家企业的可能性极高。

幼教护理类

提供儿童教养与老人看护的服务，包括开办才艺班、幼儿园，提供居家护理和家事服务等。

生活服务类

主要以店面经营方式为主，可分为独立开店与加盟两种。西点面包店、咖啡店、服饰店、居家用品店、美甲店和美容护肤店等都属于该类，比较适合女性。

2. 传统互联网创业：要懂得借力

在第三次信息技术产业革命中，互联网改变了原有的生产关系。

在传统互联网创业领域，女性有其独特的优势。

颠覆和不满意是互联网创业的起点

调查显示，女性是互联网产品、服务的主要消费者，因此她们可以率先发现产品的不足，进而提出改进建议，创业成功率高。

互联网文化的主要特征是任性、敏感、自我

女性的特征与其极为接近。由于女性较为感性，善于体会情感、乐于

分享，对事物的认识较为敏锐，这一点也有利于激发创意。事实上，只有具备更多专业性、场景感、引导用户需求的能力，才能准确想象出一款产品的功能与前景。

女性有社交优势

由于女性具备先天的亲和力、喜欢社交，其在整合资源方面具有独特的优势。而政府部门、行业协会、社会组织等推出的一些创业服务平台，也为创业资源的对接和整合创造了条件。许多女性创业者正是通过这些平台，找到了创业所需要的各种资源。

女性能洞察用户潜在的心理需求

互联网媒介传达信息时迅速、广泛，远超传统媒介。此外，互联网上每一个个体既是信息的制造者，也是传播者。他们几乎能不受限制地分享他们的体验，如产品功能、外观等，也包括购物过程中的心理体验，如品牌专业性、服务态度、物流送达速度和购物便利程度等。而女性心思细腻、情感丰富，能洞察到用户很多潜在的心理需求。

女性更了解女性消费者的心理

女性是互联网消费的主力军，而女性更了解女性的消费心理，因此女性借助互联网创业有着先天的优势。

女性可以借助互联网进行创业。在网络及科技如此发达的当下，拥有软件设计、网页设计、网站规划、网络营销、科技文件翻译和公关等技能的女性创业机会更多。此外，在文化产业、时尚产业和快消行业中，女性也有独特的优势。

我身边有很多女性朋友也会选择做电商，通过淘宝卖货。淘宝卖货有很多优势，如时间自由、方式灵活、自主性强和选择面广。不足之处是，随着电商红利的消失，电商获客成本不断增加，其更适合大品牌、大资本选择，小电商卖货越来越难，很多小电商只能勉强维持生存，更多小电商则难以为继。

我的好友,阿米日记创始人雅妮当年正是因为电商创业,亏了几百万元,后来遇到移动互联网,才东山再起。

3. 自有品牌跨境电商:通往未来

招商银行前行长马蔚华曾说:"不知宏观者无以谋微观,不知未来者无以谋当下,不知世界者无以谋中国。"

如果你是一家代加工企业,公司有大量国外订单,活得很滋润。但是近年来企业的订单数突然大幅下滑。企业高层召开会议,讨论公司是否要转型。但转型是大事,稍有不慎,就会赔了夫人又折兵。那么,身在高速发展的移动互联网时代,面对机遇与挑战时,你该如何分析问题并做出正确决策?

可以采用 PEST 模型,这是一个"俯视宏观"的战略分析工具,能帮助你分析清楚自有品牌的跨境电商到底是不是下一个大风口。

PEST 模型包括四个维度:Political(政治/法律),Economic(经济),Social(社会文化),Technological(技术)。

下面,我们用这四个维度来分析上面案例中的问题。

Political(政治/法律)

税收政策、国际贸易章程与限制、合同法、政府组织/态度、竞争规则、政治稳定性和安全规定等内容组成了政治/法律维度。这些内容,其实都体现了国家意志,就是国家想让你做什么。这也可能是政策红利。

你反复研究之后,发现当下最火的国家政策是"一带一路",国家在将国内的优势产能辐射到国外去。你再进一步深究,发现热门的跨境电商既属于"一带一路"的国家政策,也与你的主营业务高度相关,于是,你的眼睛一下子亮了。

Economic(经济)

经济增长、利率与货币政策、税收、汇率、商业周期等要素构成了经济维度。

从这个维度出发，你发现近年来人民币在贬值，而当下的出口跨境电商相对于进口，在面对人民币贬值这一趋势时，更具优势。

分析完上面两大维度之后，你又进一步将业务聚焦在"出口跨境电商"。

Social（社会文化）

收入分布、社会福利、人口结构、人口趋势、劳动力供需关系、消费升级、大健康等要素构成了社会文化维度。

从这个维度窥视，你会发现，随着 20 世纪 60~70 年代出生的人群日渐老去，90 年代到 21 世纪初出生的人数大量下降，导致中国劳动力短缺、用工成本不断攀升。以往靠人口红利支撑、品牌价值低的商业模式已经衰落，品牌越来越被重视，其价值及作用也日渐重要。

分析完上述三个维度后，你对"自有品牌的出口跨境电商"信心大增。

Technological（技术）

移动互联网、虚拟现实、大数据、人工智能和产业技术等要素构成了技术维度。

结合上述自有品牌的出口跨境电商，你开始思考什么技术会对它产生大的影响。思来想去，你发现人工智能一旦实现，将对自有品牌的出口跨境电商带来巨大冲击。

随着人工成本的上升，取代人的人工智能将被大量用于制造业，而大量品牌将因为生产成本降低，为了方便顾客，而选择将工厂建立在目的地市场。

你这才发现，人工智能技术原来"短期是机会，长期是挑战"。其红利期是 10 年左右。于是你给自己的"自有品牌的出口跨境电商"之路，设了 10 年的期限。

借助 PEST 模型分析，你为自己的企业制定了一个战略：10 年内，从代工厂，转型为自有品牌的出口跨境电商。因为你知道，这条路将帮助你的企业通往成功的未来。

所以，女性创业者，如果你觉得国内电商市场竞争太激烈，不利于中小品牌的发展，并看好海外市场，那么你可以多关注一下自有品牌的跨境电商。此外，创业时一定要多关注国家政策，这能帮你少走很多弯路。

4. 轻创业：轻资产小规模低风险

我（艾米粒）的好友殷中军在南京大学读研时，要忙着为课题论文做实验、在南京大学医学院附属鼓楼医院实习、到学校上课，同时作为班长，他还要处理很多班级工作，就是在这种情况下，他一年赚了 26 万元，这为他后来在南京买房、定居奠定了经济基础。很多朋友会觉得不可思议，在这么忙碌的情况下，他是如何做到这一切的？其实，他当时是借助轻创业模式，用他的医学专业技能为客户提供服务。

轻创业是指"轻资产、小规模、低风险、高弹性"的创业模式。这种创业模式在运营成本方面的投入较少，对创业团队人数也没有硬性要求，甚至一个人就可以与客户合作，交付"产品"，获得收益，尤其适合那些有一技之长的人。传统的重资产创业对于创业者来说存在着很高的风险，而轻创业的轻资本、小规模、低风险的形式则非常适合初创者先活下来，进而提高创业的成功率。

其实，轻创业早已存在，并非这几年或者互联网时代才出现，比如很多大学生会帮大学附近的商家送外卖。在互联网还不发达的时代，一个大学生便足以完成这些工作。如果他想做大规模，那就多招几个大学生，自己负责对接商家，接单后分配给团队伙伴即可。

那为什么互联网，尤其是移动互联网时代轻创业会成为热门？这是因为移动互联网让创业者与商家、客户之间的连接更方便，不再受时间和空间的局限。此外，很多人不想被工作完全束缚，或者工作时想兼顾家庭，轻创业这种"轻资产、小规模、低风险、高弹性"的模式让他们赚到钱的同时，也让他们有更多自由时间去兼顾其他事情。

轻创业属于精益创业，不求规模。创业团队好比轻骑兵，人少、资产少、风险小、精准快。

轻创业的主要特点如下：

轻资产

轻创业对创业资本规模的要求并不高。拥有大量资金或走资本路线的大玩家有大玩家的玩法，他们可以投入大量资本，实现快速规模化。

资金较少或风险意识较强的中小玩家也有自己的玩法，他们甚至不需要场地，在家、住处或附近的咖啡厅办公即可，也可以到优客工场这样的联合办公场地租赁一个小的工位办公，只需要按时领取任务，输出"产品"即可。

小规模

轻创业者可以是一个人，也可以是组建一个小型团队，明确成员各自的分工，各司其职，按期交付"产品"即可。轻创业者甚至只需要投入自己的一小部分精力便可以创业，比如一个人成为多个创业项目的合伙人或顾问。

低风险

轻创业模式的风险极小，甚至趋近于零。比如近年来非常热门的社交电商就是典型的轻创业，其创业门槛、风险很低，为广大女性创业提供了一个极好的机会。

高弹性

大多轻创业是以结果为导向，创业者只需要按期交付"产品"即可。这就给了创业者时间方面的极大弹性和自由。

他们接受任务后，安排好进程，在工作期间可以照顾家庭，还可以出去旅行，只要他在交付时间点之前完成工作即可。比如我写这本书期间，我可以陪伴家人，还可以与朋友聚会谈事，只需要一个月后交稿给出版社即可。

因此说，互联网几乎成为轻创业者的空气和水了。移动互联网最大的社交平台——微信是轻创业者使用得最多的平台。微信生态的社交属性在营销、展示、沟通方面都具有极大的便利性和优势。因此，微信催生出大量轻创业者，甚至让其中的典型代表——社交电商成为一个新兴的行业。

读完凯文·凯利的《必然》，我找到了轻创业出现和流行的根源所在。我发现轻创业几乎是在去中心化、共享经济大趋势下必然会出现的。目前，在科技发达，尤其是移动互联网高速发展的国家，轻创业越来越热门，而中国是此方面的翘楚。

5. 移动互联网创业正在兴起浪潮

智能手机的出现引起了互联网界的巨大革命，掀起了移动互联网的热潮。很多人发现，即使足不出户，借助一部手机便可轻创业，在赚钱的同时还可以自由掌控时间。

移动互联网创业由于时间自由，很适合那些需要兼顾家庭和事业的女性。我（艾米粒）身边有很多女性朋友，在创业之前，由于没有事业，没有收入，在家中、社会上地位很低，被老公、孩子、家人和身边的人瞧不起。但借助移动互联网创业后，她们拥有了独立的事业，让自己在家庭中、在社会上的地位不断提升，真正掌握了自己的人生、自己的命运，过上了自己想过的生活。

为了养育孩子，我成了全职宝妈。但我不甘心老是伸手向丈夫要钱，于是打算发展自己的事业。但对于一个已经脱离职场很久、又得照顾孩子的宝妈来说，发展自己的事业其实并非易事。去坐班，你只能找一份要求较低的工作，这也意味着收入不会太高。关键是，你的孩子怎么办？谁来照顾？正当我为此发愁时，一个机会摆在了我的眼前。我发现移动互联网创业可以帮我赚到钱，我还能有时间照顾孩子。前提是，我要能耐心服务好自己的客户和合作伙伴。

而我的好友殷中军也是得益于移动互联网，开拓了自己的另一个事业维度，为广大品牌、女性创业者服务，帮她们打造个人品牌、企业品牌，帮助品牌进行网络推广。

移动互联网创业，为女性创造了更多可能。她们发现，原来自己的人生还可以如此精彩，生活还拥有无限可能。

女性移动互联网创业的五种方式

根据我（殷中军）的观察和总结，我发现以下一些移动互联网创业方式比较适合女性创业。

1. 借力网络红人销售商品

很多传统企业家抱怨转型难，但依我之见，传统企业家在传统渠道方面已经有了一定的经验积累、资源储备，完全可以将其原有优势与移动互联网直接嫁接，借力移动互联网拓宽销售渠道，销售自己的产品。

移动互联网中网络大号（如微信公众号）或者网络红人（如抖音红人）由于已有大量粉丝积累，可以帮助商家快速嫁接渠道，提升业绩。你需要做的就是与对方谈好合作的方式。

当然，创业者要想借力网络大号或网络红人倍增业绩，需要注意以下几点。

分钱机制：事先谈好合作方式，明确是先给钱再推广，还是推广后根据业绩分成，或者是两者兼而有之。

客户精准：并非所有网络大号或网络红人都适合你，需要考虑对方的粉丝与你的目标客户之间是否匹配，然后优选在此方面有较强号召力的网络大号或网络红人合作。

打造品牌：创业者要具备打造品牌的意识。这里的品牌包括两方面，企业品牌和个人品牌。移动互联网时代，个体不断崛起，是打造个人品牌的良机。一旦你打造好个人品牌，你将不会再为钱发愁。我现在专注的方向就是个人品牌打造。我想帮助更多人建立自己的品牌。

2.成为服务创业者的技能专家

我有个朋友曾经做过直销，但她刚开始并没有赚到什么钱，在经过反思和观察之后，她决定不再做直销从业者，但也不打算离开直销行业，而是改为帮助广大直销从业者、直销团队、直销企业提供培训服务，帮助他们提升业绩。从此，她利用自有优势，在广大直销员厮杀之时，她另辟蹊径，通过成为培训专家挖到了自己的金矿。

移动互联网创业也是如此，如果所有创业者罔顾自己的优势，一味跟风去做同质化的事情，那么只有最早进入的人能借助红利期获得大量收益，其他人则只能是陪衬。

有很多企业，他们对移动互联网营销有诸多需求，只有具备特色技能的创业者才能解决。于是，在此基础上，诞生了一批创业者，他们做微信网站、微名片，提供社群工具、朋友圈文案和朋友圈海报等，成为专门提供服务和技术的第三方服务者或平台，并且发展得很好。

我有个好朋友封雨，网名"大风哥"，他借助微信公众号迅速积累了百万粉丝，光靠大风哥这个微信公众号，就月入几十万元。后来大风哥将"风哥"注册为品牌，并创办了江苏风哥网络科技有限公司，公司除了拥有自媒体品牌，还有风哥商城，同时也和其他品牌合作，代销其产品。

截至2017年6月，"大风哥"已推出原创节目309期，仅在腾讯视频点击量就超过4亿次，拥有千万粉丝，"大风哥"微信公众平台关注人数超200万人，2015年、2016年连续多次在中国新媒体指数、微信公众号排行榜中名列百强。目前，大风哥在江苏盐城市响水县当地已是个知名人士，混得风生水起。

我们只有找准自己的优势领域并放大自己的影响力，才能快速走向成功。谁说移动互联网创业只能销售商品？销售自己的技能、经验、知识，成就更多创业者、企业，也是移动互联网创业的好思路。千万不要小瞧自己的技能和特长，只要你能解决某些痛点，为别人提供价值，移动互联网时代到处都是创富机会。

3. 把握大势，做意见领袖

深耕某个行业，从熟悉到深知，并不断分享，你就可以成为这个领域的意见领袖。我（殷中军）在女性领域中是意见领袖，因为我喜欢思考，并付诸实践，有了结果和经验，喜欢分享出去，成人达己。

作为意见领袖要善于引领潮流，并经常为行业、群体发声，比如我作为现代女性崛起的倡导者和推动者，我会研究女性这个群体，并为这个群体发声，为推动女性崛起做出贡献。我会在我的自媒体中不断分享我对女性的观点以及给女性的一些建议。

我既是女性崛起的提出者，也是践行者，我建议女性要有自己独立的思想、独立的事业，让自己成为一个独立的个体，还提倡女性借助移动互联网创业，成为一个创业者，除了主宰自己的人生和命运，同时也能影响和帮助到更多的女性加入到女性创业者这个群体中。

作为意见领袖，最好的创业方式就是出售自己的思想和经验。有很多女性朋友说自己没有经验和想法。

我的建议是：第一，多看书，书中自有黄金屋；第二，多听别人分享，再将经验内化为自己的；第三，根据积累的内容创造出自己的内容。

我的好友艾米粒，她带的团队已经多达数十万人。但艾米粒一开始并不知道如何带团队，那她是如何成为意见领袖、并学会带团队的——通过付费学习。

艾米粒很舍得投资自己的大脑，学习网络课程时，她会将老师讲的课反复听，然后照着讲给团队伙伴听，就这样她获得了伙伴的认可，并吸引了更多的人加入她的团队。这群女性现在不仅改变了自己的命运，还影响和帮助了更多需要事业机会的女性。

未来，随着社交圈和社群的发展，会出现越来越多的意见领袖，每个意见领袖辐射的和影响的人群人数不一样，影响力和号召力也存在差异。但意见领袖都需要做的功课是打造个人品牌。这也是我正在研究和专注的方向。

4. 把握风向做魅力社交电商

随着移动互联网的升级迭代，现在已是社交电商的天下。

何为社交电商？我对它的定义是，社交电商 = 消费者 + 分享者 + 服务者 + 创业者。

社交电商是基于人际关系网络，借助社交媒介（微博、微信、短视频等）分享等手段来辅助商品的买卖，同时将关注、分享、互动等社交化的元素，应用于交易过程中，是电商和社交媒体的融合，是以信任为核心的社交型交易模式，是分享经济环境下的一种新兴电商模式。

社交电商范围很大，而社交电商之大，在于其没有时间、空间、人数和收入的限制。我们可以将社交电商生意从中国做到世界各地，我们可以24小时和任何人做生意，我们可以无限裂变团队，收入上不封顶。

社交电商的内涵更丰富，对创业者的要求更高。甚至可以说，社交电商创业者不同于以往任何时代的创业者，他是移动互联网浪潮下、女性崛起背景下诞生的独特创业者。社交电商起源于中国，而后才传至世界其他国家，是真正值得中国人骄傲的中国商业模式和创业方式。

当前，社交电商领域的朋友还指望单打独斗，靠发一下朋友圈就能月入数万元、数十万元，那么我只能说你需要升级你的"大脑系统"了。新时代要求社交电商善于学习，做终身学习者，通过分享、传播，整合资源、组建团队，将品牌做大、做强。而且社交电商创业的阵地已不再局限于微信，从社交网站到线下聚会、培训、体验店，都能看到社交电商的影子。

和跨境电商一样，社交电商必然会走向世界。会有越来越多的国家和外国创业者咨询如何做社交电商。我的社群中就有来自马来西亚的学员，他们在学会如何做社交电商之后，又将社交电商这一新兴创业方式传播到马来西亚，让社交电商在当地生根发芽。甚至可以说，社交电商早于电商传播到了国外。

移动互联网时代，世界在快速发展，社交电商的蜕变也在加速。随着人工智能等新技术的出现，未来社交电商还会不断升级、不断迭代。社交电商人所要做的就是，保持开放的心态，拥抱新事物，做一个终身学习者。

有一点毋庸置疑，那就是未来人人都会参与社交电商！

此外，社交电商与新零售融合衍生出来的社交新零售（借助社交方式提升零售的效率）则是近年来的另一大风向，值得创业者关注。

5.走到线下自建圈子做分享

很多想借助移动互联网创业的女性朋友跟我说，她们的微信中加了一百个陌生微友，其中八十个都是销售产品的，她们的商品不知道销售给谁。

我问："如果你从线下面对面添加一百人，会有多少个精准客户呢？"

她们回答："4～6个吧。"

其实，线下的客户才是移动互联网创业最精准的目标客户，因为他们很多人还没有进行移动互联网创业，但他们对移动互联网创业充满了好奇。我们只需要将自己的移动互联网创业经验和方法分享给他们，就很容易成为他们移动互联网创业的导师和领路人。

我有很多女性朋友，刚开始线上和线下相结合，定期举行沙龙，她们和我交流时都很兴奋，因为她们没有料到，到线下分享她们学到的移动互联网营销内容，分享完她们就成了听众心中的明星。听众都很好奇和佩服她们的营销方法，争着添加分享者的微信号，她们每次分享完都能收获大量精准粉丝。这也是我经常分享的：线上添加一百个陌生人，不如线下被两个真正的精准客户主动添加。

我有个借助移动互联网创业的女性朋友叫邵芬兰，她曾经在传统行业中创业，生意做得很不错，生活得也很幸福，但后来遭遇变故，创业失败，之前赚的钱都赔了。她有点心灰意冷，但并没有放弃，当移动互联网时代到来，她看好这个机会，再次创业，创立了悦兰珠宝这个珠宝品牌。

邵芬兰给自己的定位是珠宝方面的专家。我很佩服她，并给了她一些建议。我建议她将自己打造成个人品牌，成为一个在珠宝圈子里拥有影响力的女性，同时也要学会公众演说，不断到更多的圈子中进行分享自己的创业故事，分享自己对珍珠的见解。让更多人知道你是一个对珍珠有情怀、有着独特理解并有深刻研究的专家，吸引更多人加你微信，成为你的粉丝。

就这样，邵芬兰积累了越来越多的精准粉丝，她们都是一群对珍珠有特殊情感的女性。

看好新零售的优势，我的好朋友艾米粒也开始布局线下。她将移动互联网的优势与线下沙龙的长处结合，定期在南京举办线下沙龙，通过不断裂变团队，发展得很快，黏性也很高。同时，她还将自己做沙龙的经验分享给团队伙伴，让她们复制自己的方法，批量举办沙龙，裂变团队。

随着新零售的快速发展，移动互联网创业形态从线上走到线下，线上线下融合已成必然，"社交电商＋新零售"演变出的社交新零售将引领未来趋势，创造出大量新的机遇。

因此，我建议想创业的女性朋友，不要局限在自己的小圈子中，多走出去转一转，参与到社交圈中，去分享我们的知识和经验。

|第6章|

女性朋友圈变现之路：
如何通过朋友圈轻创业赚钱

女性打造品牌朋友圈、精品朋友圈的一个巨大好处是，
你可以通过朋友圈赚钱。

如何通过刷朋友圈轻创业赚钱？

女性朋友要想通过刷朋友圈赚钱，需要先弄清楚微信朋友圈赚钱的底层逻辑，只有明白了个中原理，我们才能有的放矢，也才更能坚持下来。

朋友圈收入 = 产品净利润 × 目标用户数 × 社交信任货币。

因此，如果我们想通过微信朋友圈赚钱，就得从产品净利润、目标用户数、社交信任货币这三大方面着手。下文重点分析目标用户数及社交信任货币这两大因素。

1. 目标用户数

目标用户数是微信好友的一部分，如果你的微友足够精准，目标用户数基本等于微友数，当然这是比较理想的情况。这也提醒我们在吸粉加人

为好友时要尽量精准。

现在一般人的微信好友数从几十人到几百人不等，社交电商创业者可能通过一定的方法积累一段时间之后，已经有了上千甚至几千人。本文主要针对一般人群来展开说明如何扩大朋友圈人数。

在吸粉之前，女性朋友先要弄明白以下三点。

微信朋友圈粉丝分类

我们的粉丝可以分为两类：精准粉丝、非精准粉丝。

精准粉丝是指目标人群，通过适当的技巧或话术发展成顾客或合伙人（也称为团队伙伴）的概率很大。这是我们要重点引流的对象。

非精准粉丝是指非目标人群。这类人群可能是无意中加了你微信，或是在你搞活动时，为了礼品加你，但不是意向人群，后期转化为顾客或合伙人的概率很低。

考虑到做任何事情都需要花费时间成本、精力成本，因此建议轻创业者在引流时多吸引精准粉丝，服务好目标人群，提升转化率。

引流的本质

明星为什么能吸粉？是因为他能让粉丝精神愉悦，获得满足感和虚荣感，其本质就是他能为粉丝提供价值。轻创业者也是如此。你之所以能吸引粉丝，是因为你能为粉丝提供价值，能帮助到他，或者让他获得精神方面的满足感。

所以，如果你想吸引更多人加你，你就要具有足够多的价值。面对顾客，你要懂产品知识，懂服务营销。面对合伙人，你要懂销售，懂如何招募合伙人，懂如何服务好合伙人，甚至你还要知道如何将你懂的这些东西教给团队伙伴。不能为别人带来价值的人是没有人愿意加你的，即使无意中加了你，后期也会将你删除或屏蔽。

那么，如何提供价值？

你需要在某方面很专业，至少这方面懂得比别人多。比如，你懂如何一天涨粉几百人，那么自然会有很多人主动加你为微信好友，向你请教引流的方法；你懂如何拍出美而专业的照片，自然会有很多人加你为微信好友要跟你学习拍照构图。你懂得如何激活死气沉沉的群，便会有很多人加你为微信好友，向你咨询如何运营微信群。

即使你对朋友圈营销方面的知识知道得不多，依然可以吸引很多人加你为好友，转化成客户。比如你懂得很多育儿的知识，你可以在宝妈经常出现的线上、线下社区中分享育儿知识。当你成为这方面的专家之后，自然会有很多人加你为好友，视你为意见领袖。

因为早已建立了信赖感，此时再把你代理的产品、轻创业项目分享给他们，将他们转化为顾客或合伙人就变得很简单了。

服务至上

移动互联网时代，一个对朋友、对粉丝拥有亲和力的人将会有很大优势。如果你对自己的粉丝爱理不理，掉粉是迟早的事。

服务好两百个粉丝，比你拥有1000个粉丝但对他们爱理不理要强很多。与其浪费精力不断发展粉丝，还不如先服务好现有的粉丝人群。你的服务质量将为你带来口碑，而粉丝的口耳相传，则能帮你裂变顾客或团队伙伴，效果远大于你的引流。

2. 社交信任货币

人们愿意把钱存在银行，是因为银行值得信赖。我们要做一个值得信赖的人，别人才会主动把钱交给你。因此，社交网络中，我们如果要赚钱，需要积累足够量的社交信任货币。

社交货币这一概念来自社交媒体经济学，简单地说就是利用人们乐于与他人分享的特质，塑造自己的产品或者是思想，从而达到口耳传播的目的。

社交信任货币属于社交货币的一种，侧重于信任这个维度。其实也很好理解，无论线上还是线下，要想让客户下单，首先得让对方信任你。在社交网络中，这就是社交信任货币。你要积累足够量的社交信任货币，才能让你的微友购买，你才能赚到钱。否则，你光有微友，没有社交信任货币，照样赚不到钱。

那么，如何积累你的社交信任货币？从两大方面着手：

a. 个人方面。你的亲和力、取得的成就、影响力、地位、人品、个人魅力、价值等；

b. 外界方面。信任背书、微友的口碑、第三方见证等。

专业形象

专家为什么受人尊敬？是因为在人们心目中专家很专业。同样，和客户交往时，你一定要在客户心中建立一个专业的形象。专业形象包括专业知识、形象包装两方面。

专业知识

轻创业，要有过硬的知识，你要学会销售、服务好客户、招募团队伙伴以及相关产品知识。只有当你足够专业，在客户或团队伙伴心中，你才是一名专家，客户遇到问题时才会请你帮忙解决。团队伙伴遇到困难时，才会请你帮忙。

如果不够专业，不能及时解决客户的疑问、痛点，不能解决团队伙伴的难题，我们轻创业是不合格的，客户或团队伙伴也很难信任我们。

轻创业，一定要有打造个人品牌的意识，打造个人品牌离不开建立专业的知识储备。

形象包装

形象包装包括个人形象和微信朋友圈形象的包装。

轻创业者想有一个好的个人形象，平时要注重穿衣打扮，注意仪容仪表。穿衣服视个人情况而定，未必一定要高档品牌，但一定要让人看上去舒服，符合我们的身份。

微信朋友圈形象对轻创业者来说尤其重要。因为很多时候客户是从朋友圈了解我们、熟悉我们，因此我们一定要认真打造自己的微信朋友圈，让朋友圈为我们加分。微信朋友圈的打造主要从下面几个方面着手：微信头像、微信昵称、标签、个性签名和朋友圈朋友圈背景图。

事实见证

一般人都只相信自己看到的东西，因此我们要通过向客户展示各种见证，赢得客户的信任。

具体而言，下述物件可以作为见证。

文字资料，包括了图文资料

具体又包括以下三个方面：

a.客户见证：客户使用产品后的反馈文字、客户的故事、团队伙伴的故事、你的创业故事、团队创始人及品牌创始人的故事等资料；

b.专业证明：从业资格、专业资格、发表的文章和出版的书等；

c.公益证明：你做公益的事件报道等，包括捐款、做善事等。

图片资料

a.客户见证：客户使用产品前后的对比图、客户使用产品后的反馈图、团队伙伴跟着你创业前后对比的照片；

b.专业证明：荣誉证书、获奖证书等；

c.权威背书：产品的检测报告、品牌的官方认证报告、产品合格证以及与名人及大咖的合照等；

d.公益证明：你做公益的照片等，包括捐款、做善事等。

视频资料

a.客户见证：客户使用产品前后的对比视频、客户反馈视频以及团队伙伴跟着你做事业前后对比的视频等；

b.专业证明：荣誉证书、获奖证书；

c.权威背书：产品的检测报告、品牌的官方认证报告、产品合格证以及与名人、大咖的合照等资料可以转化成视频在网络上传播。也可以请名人、大咖为你录制10秒见证视频，发布在朋友圈或抖音等平台，进行造势；

d.公益证明：你做公益的视频等，包括捐款、做善事等。

事实见证是你的成交工具。你可以将上述资料整理成数据包，遇到需要销售的情况，都可以拿出来给对方看，讲到哪，见证指到哪，直到成交。

见证资料可以在招商会、沙龙会上展示，也可以展示在朋友圈、抖音等平台及微信朋友圈中。朋友圈作为轻创业者的重要营销阵地和打造个人品牌的阵地，一定要用好。好的朋友圈可以帮助我们用极低的成本做好个人和产品的营销。

解答问题

在目标客户聚集的地方，为他们提供价值，就能获得信任。

我有一位女性创业者朋友，她轻创业时起步非常快。她告诉我，2016年她刚开始进行轻创业时，会去各类孕妇网络平台回答问题，让自己成为该方面的专家，并且留下联系方式，网友有问题可以加好友咨询。她销售的是孕妇使用的产品。

解答问题，既可以给人带来价值，又可以丰富自己的知识，这是培养信赖感极佳的方式。轻创业不仅是一种创业方式，更是一种社交方式。

真心待人

其实上述内容只是建立信任的一部分，但我觉得还有一点对建立信任感非常重要，那就是真心为他人着想。

当客户遇到困难时，你可以在你力所能及的范围及时伸出援手，说不定你的举手之劳能帮助客户解决难题，让客户对你感激万分。

当你的产品确实不是很适合客户时，你向他说明情况，并建议客户选择更适合的产品，客户会觉得你在真心替他着想，他会觉得你人不错，值得信任，下次有适合他的产品时，他自然会考虑购买。

我一直觉得，市场上最大的"套路"就是真诚、真心。当我们真心、真诚为客户着想时，他自然会感觉到，也会很感动，也就会把我们当作值得信任的人。

轻创业，一定要有一颗为客户、为合伙人着想的心。我们只向客户推荐适合他、对他有帮助的产品。

轻创业如何线上引流爆粉让微信好友倍增？

引流、涨粉一直是移动互联网创业者的痛点，那么有哪些简单有效的方法可以帮助我们呢？

1. 微信二维码名片引流法

如何让微信二维码名片成为营销利器，实现高效引流，已成为营销者不断探索的话题。下面的方法能帮助你将微信二维码名片引流的价值发挥到极致。

搜索浏览量相对较高的图片，如葛优躺、碧瑶坐等各种表情包，与我们的微信二维码名片相结合。

下面简单介绍如何把表情包图片和二维码名片结合起来。我们可以用"草料二维码生成器"，进行网页在线编辑。

第一步，登录草料二维码生成器官网之后，选择微信板块—个人账号—上传个人微信二维码或者摄像头扫描。

第二步，进入美化界面，选择美化器—高级美化器。

第三步，在 Logo 图片选项里上传或选择喜欢的图片。需要注意的是，与热点图片相结合，效果最明显的是嵌入式。

第四步，根据自己的爱好设置好以后，选择右上角的下载二维码。一张有趣的微信二维码名片就制作成功了。

将二维码名片发布到各媒体平台。网友对于热点事件或图片往往很关注，只要扫一扫，你的好友数量就会增加。

2.QQ 群吸粉

很多人以为移动互联网时代有了微信之后，曾经的社交软件霸主 QQ就风光不再了。其实不然，腾讯最新公布的数据显示，QQ 和微信用户人数都在 9 亿人以上，不相上下。这就意味着如果我们想吸粉，QQ 群仍然是一个非常不错的"大鱼塘"。而且 QQ 群是一个开放的大社群，我们可以直接搜索到。

在加 QQ 群之前，先要确定我们的目标人群。如果目标人群是宝妈，我们可以搜索宝妈相关的群，然后点击进群。验证语可以写"我是宝妈，想进群交流"，通过率会很高。

具体操作方法如下：

a.登录你的 QQ 号，进入 QQ 界面，点击联系人—群聊，进入群聊界面；

b.点击右上角横线处，选择"查找群"；

c.可以选择"查找群"，也可以在热门搜索中寻找，或是查找"发现附近的群"；

d.输入查找群的关键词，如宝妈；

e.搜索后，你会发现有很多相关的群，可以选择合适的群加入。不过，要对比各个群的活跃度，注意群标签，然后选择活跃度最高的群。

进群后我们可以先和群主搞好关系，然后再观察目标人群，优先加在线人群和等级高的人群，这两类人群往往活跃度很高，微信绑定 QQ 号的可能性也很大。这样我们可以在微信中直接输入这些人的 QQ 号并添加其为微信好友。

如果对方 QQ 号没有绑定微信号，可以加其为 QQ 好友，通过 QQ 交流，搞好关系后再想办法将其转化为客户或团队伙伴。

很多 QQ 群往往也创建了微信群，我们也可以向群主或关系较好的 QQ 群群友咨询是否有建立微信群，如果有，请他们帮忙拉你入群。入群之后你会接触到更多活跃度高的目标人群。

3. "AB" 引流法

QQ 群 "AB" 引流法能让你在 QQ 群中迅速曝光，加好友通过率大大提升，而且吸粉效果会更好。这种方法也可以用于微信群。

具体方法如下：

准备两个 QQ 号，A 号和 B 号加入这个 QQ 群，A 号进去之后活跃一点，做一个自我介绍。

A 号："大家好，我是新来的，非常高兴加入这个群。"

B 号出来配合一下："欢迎欢迎，你是做什么的呀？"

A 号马上做自我介绍："我是来自某某公司专门做引流推广的，今天非常高兴进入这个群，希望跟你们成为朋友。"

B 号马上很激动："太好了，大姐，我咨询你一个问题好吗？我是做营销的，但是为什么销量一直上不去？什么引流方法比较好？"（注意：这里起到烘托群里氛围的作用）

然后 A 号进行完美的解答，B 号再接着问问题，A 号再进行完美的解答。如果不出意外，如此连续两三天后，你的 A 号会迅速成为这个群的红人。

当你成为这个群的红人之后，果断退出话题，留下一句话："各位不好意思，马上出差去外地，你们可以加我的 QQ 号、微信号，我很少上网，以后有什么问题可以通过微信来问我！"

你会发现这个群的在线成员很多都会来加你，然后你果断进入下一个群复制以上的过程。也就是说，搜索并加入与你需求相关的 QQ 群，被动或主动加群友，这些都是你的精准客户。

有的人会问："我不懂太多营销引流知识，怎么办？"

很简单，"百度一下"就搞定了。微信聊天不像打电话需要马上回答，你有充足的时间找答案，你也可以说："我现在比较忙，晚一点再回答。"

记住，凡事不懂问百度，90% 的问题在百度中都能找到答案。

4. 微信群加粉

微信群是一个封闭的社群，这就意味着我们无法像搜索 QQ 群那样搜索到很多微信群。但没关系，借助万能的百度，我们依然有办法搜到目标微信群。

在百度搜关键词"微信群"，我们可以发现很多微信群导航网站，其中有很多分类好的个人微信和微信群二维码。

由于微信群群成员超过 100 人之后我们就无法扫码入群，而且微信群二维码目前的有限期是 7 天，这就意味着扫码入群还讲究一定的概率。但 10 个微信群中扫码成功 2 个也算收获很大了。

和 QQ 群相似，进群后，我们要先和群主搞好关系，再寻找合适的目标人群，添加其为好友。

此外，我们还可以和亲朋好友交换微信群，这也是迅速加群的一种好办法。

目前市面上还有很多高端收费群，我们也可以花点钱进入这些高端收费群。愿意花钱入群的人一般都是经济能力还可以的，或者是有很强的事业心，将他们转化为客户的概率很大，如果方法得当，你将他们发展为合伙人，他们为你的事业创造的收益往往会很高。

我有一个女性创业者朋友，她的团队新进了一名合伙人，该伙伴轻创业前是公务员，跟着她轻创业后，每个月为她创造了数十万元利润。

5. 微信公众号涨粉法

微信公众号同样是一块适合营销的风水宝地。我有个做销售培训课程的朋友，他在微信公众号中分享"如何轻创业"的干货，慢慢成为这方面的专家。后期他在微信公众号中发送课程报名的软文时，很多想学习轻创业、操盘品牌、提升销售水平和提升领导力的人就会直接通过公众号加他，找他报名课程。我这个朋友靠微信公众号引流一年就赚了不少钱。

微信公众号如何涨粉？

优质的内容是前提

只有坚持推送优质内容的公众号，才能吸引更多粉丝。而想要创作出优质的公众号内容，应该怎么做？

明确公众号内容定位

在特定的领域，专一的研究更能生产深度好文，而明确的定位更能吸引精准的粉丝，例如，公众号的起名就可以体现粉丝群体。

那我们应该如何定位自己的公众号？

首先，要对自己有清醒的认识，自己的产品属于哪个行业，公众号内容就要偏向于哪个方向。并且只有对行业有了深入的研究，才会产出优质的内容。

其次，一个关注度高的公众号，不只是单纯介绍商品，而是会经常性地给大家发一些专业性知识、软文，丰富粉丝相关领域的知识，或者给大家一些福利优惠券、红包等，给粉丝带来切身利益。

最后，想清楚自己的竞争优势。

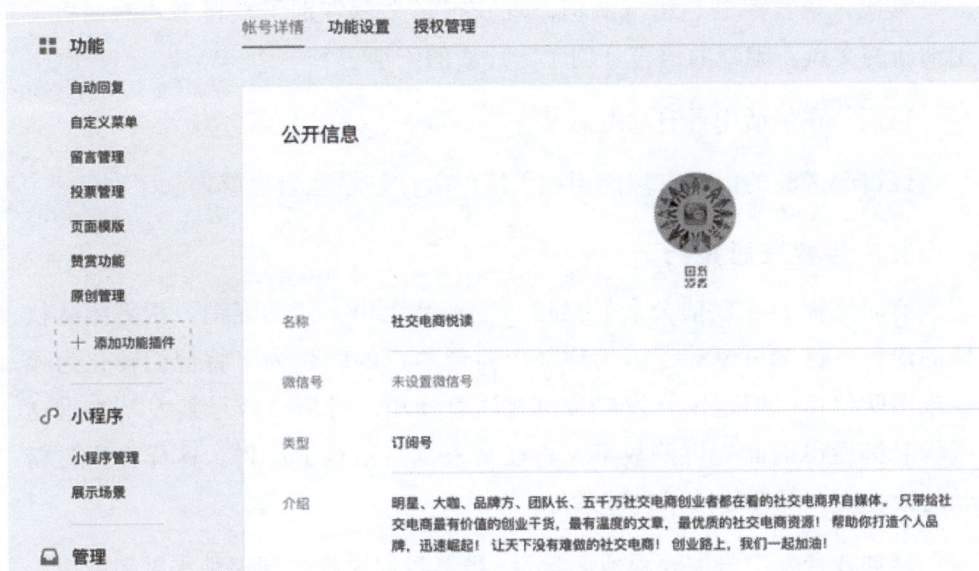

公众号"社交电商悦读"的定位

第一，为内容打造一个有力的标题。

在微信公众平台中，想要脱颖而出，吸引粉丝的关注，你的内容首先需要一个好的标题。

其实总结一下，点击率高的标题，一般具有以下几个特点：

a. 与当下热点相结合；

b. 用提问的语气，引起大家的思考；

c. 从大家日常的生活场景出发；

d. 用大家最关心的问题作为关键词。

第二，吸引人的内容大都具有实用、有趣的特征。

我们不禁要问：实用、有趣的原创内容有哪些特点呢？

首先，回归事物的本质。通过一篇文章，把一个问题分析到位，通过现象看本质。

其次，语言犀利、语气调侃。现在很多文章告别了教科书式的语言，用清新的文风、幽默的语言开创了一片新的天地。

最后，在生活中具有启发意义。

经得起考验的内容自然能引起大家的关注，粉丝量也就增加了。

发广告要注意技巧

有时你需要在微信公众号推送一些新品上市、活动促销、招募团队伙伴的内容，这无可厚非，因为你吸引粉丝的目的就是为了将他们转化为顾客或团队伙伴。但建议你发广告也要注意技巧。微信公众号某大 V 在推送广告时都懂得前面先讲些故事，再在文末自然衔接上广告。这样发广告粉丝的接受度高，转化效果也非常好。

轻创业者发广告需要跟他们学习。虽然我们很难达到那种水平和效果，但可以采用"干货 + 广告"的形式发送广告。就是你先提供产品或轻创业的干货，再在文末加上广告。这样粉丝接受度也会大大提升。

所以各位女性朋友，如果你不擅长写作，那么你可以花钱招一个好的文案。因为现在早已是团队作战的时代，如果你想迅速占领市场，一定要组团作战。有时候，一个好的文案会为你带来意想不到的价值。

当然，在招文案时，尽量招知道如何运营公众号的人，这样你的微信公众号运营就很轻松了。

微信公众号互推

微信公众号现在已全面放开原创功能，当其他公众号转载了你的原创内容之后，在文末就会主动推广你的公众号。

当然，在选择互推的对象时，可以是不同领域的公众号互推，粉丝群体看到不同类型的文章，感兴趣的话自然就会关注了。

微信群推广公众号

需要通过以下几步进行推广。

第一步，加群

这需要你有一些高质量的微信群，你可以付费加入一些高端群，也可以通过朋友介绍进入某些目标人群所在的群。有一位做销售的朋友，他虽然已经拥有了很多高质量的微信群，他还花钱加了一些付费的大咖群。正是因为有了这些"鱼塘"，他才能找到更多精准粉丝。

第二步，搞好关系

进群之后，你要先弄清楚群规，如果群规允许你分享一些干货，那么你可以将自己的微信公众号文章推送到群里。

但如果群规不允许推送文章怎么办？这时候你需要找到群主，加为好友，和他搞好关系之后，再找个时机和他说你想在群里分享一些干货文章，征求群主的同意。此时一般群主都会同意。

因为中国普遍讲人情，你和他已经建立了一定的关系基础。你和他打招呼，说明你尊重他，他有种被尊重、被重视的感觉，自然会同意。很多群主经常为群的沉默发愁，也希望有人能提供一些有价值的干货激活群。

第三步，推送文章

当你不断分享干货文章后，自然会有很多对此感兴趣的人加这个微信公众号，或者直接加你为好友。后面你再想办法将他们转化为顾客或团队伙伴即可。

总而言之，我们无论选择何种方式推广自己的公众号，产出的内容都是吸引粉丝的关键。

6. 自媒体号为公众号引流

还是上面那个销售朋友，他除了有自己的微信公众号，还申请了百家号、搜狐号等自媒体号。每次在微信公众号上推送完文章，他会同步到百家号、搜狐号等自媒体号上，通过这些自媒体号再次引流。因为很多人除了关注手机，也会经常关注 PC 端网站。

这些自媒体号不允许放微信号、二维码，那怎么引流？通过图片。因为这些自媒体号允许你放图片，如果你的图片上面有你微信公众号的水印，粉丝自然会顺藤摸瓜，关注到你的微信公众号。

《战狼2》火遍中国时，我这个销售朋友在微信公众号中发了一篇文章，内容是关于吴京拍摄《战狼2》背后不为人知的励志故事，然后同步到百家号、搜狐号等自媒体号。结果这篇文章帮他引流了很多高质量的粉丝。

很多人可能会说，我文笔不行，写作水平不高怎么办？我想告诉你的是，我这个销售朋友写作水平也很一般，但他敢写。很多时候，读者想看的是对他有用的内容，而不是文笔。而且，你不一定非得写原创文章，也可以将一些好的文章适当处理下推送到你的自媒体号上，一样可以吸引到很多粉丝。

君子性非异也，善假于物也。很多时候，困难都是你想象出来的，方法远比困难多，事在人为。善于借助高科技、新工具，你将有意想不到的收获。

轻创业如何线下引流吸粉，让你的流量翻倍？

线上添加一百个好友，不如线下添加一个好友。线下因为见过面，信任感比线上更强，黏性更高。作为轻创业者，除了要学会常用的线上引流法，也要注重线下引流。

1. 培训活动吸粉

目前中国有很多针对轻创业者的线下培训活动。这样的培训活动主要分为两类：低端的培训、中高端的培训。前者收费较低，培训对象主要是传统企业主、轻创业新手、中低级别轻创业者，主要是为了引流；后者收费较高，培训对象主要是团队长、操盘手、品牌方，一是为了赚培训费，二是为了整合高端人脉资源。

这些培训活动资源很多，而且都很精准。如果你想招中低级别的团队伙伴，可以参加低端培训；如果你想找合伙人、操盘手、大的团队长，建议参加中高端的培训。参加这些活动有很多好处：第一，因为线下见过面，信任度更高；第二，因为有同学之谊，合作的成功率更高；第三，可以进行多方面的资源互换。

和上面提到的活动聚会一样，培训课程中也有自我介绍、互动环节、分享环节，有的中高端培训，还有晚宴环节，建议你一定要抓住这些机会，让更多同学记住你，对你产生好感。这些资源后期产生的价值可能远超你的想象。

如果你已通过自我展现让别人对你印象深刻、产生兴趣，自然会有很多人加你为好友。如果你没有机会或没把握住机会表现自己，还有其他办法让人加你为好友。

我有个朋友是个引流高手，他有个优势是记笔记很快，上课时他会边听课边用电脑做笔记，往往课程结束之后他的笔记已经出来了。然后他会在群中说："想要笔记的，请私聊我。"或者他直接把笔记发在群里，在笔记中留下自己的微信号，并标注："想要更多课件请加我为好友。"这时候群主一般不会干涉他，群中会有很多人加他。

2. 沙龙吸粉

线下沙龙是很多行业经常举办的线下聚会，现在很多轻创业者也开始定期举办线下沙龙。线下沙龙的好处是成本低、粉丝黏性高。我们参加线下沙龙的目的就是扩展人脉、对接资源，把别人的资源变成自己的资源。

线下沙龙参与者不是很多，一般都有机会做自我介绍、互动、做分享。建议一定要多把握这些机会展现自己。

除了争取机会表现自己，还可以通过微信面对面建群或是微信雷达加好友。因为很多人其实对这种建群加粉的方法不熟悉，感到新颖，你可以将面对面建群和雷达加好友作为沙龙的"破冰"环节，这样沙龙的参与感会非常强。

利用移动互联网思维做沙龙，可以帮你提升沙龙转化的效果。我身边就有很多轻创业者，通过举办沙龙，积累了自己的顾客和团队伙伴，而且因为是线下见过面，黏性很高。

3. 门店引流

传统门店每天都会有一定的人流量，很多进店的消费者都是我们的精准目标群体。

门店选择上，我们要根据目标粉丝的情况选择适合的门店。如果我们是做美妆产品的，可以去美甲店、美容美发店、女士服装鞋帽店和宝妈常去的母婴店等女性人群较集中的门店。

那么，如何让店主支持我们的活动？如何让客户心甘情愿扫码？

可以通过利益互换的方式来实现互惠共赢。我们可以向店主免费提供一些有价值的产品，由店主作为福利免费送给客户，既帮助店主吸引客户，又能让你的产品接触到消费者。

引流方法通常是让客户扫码加微信。这又分为两种情况：二维码和产品分离；二维码和产品一体。

二维码和产品分离：如做漱口水的社交电商，可以为女性人群常去的门店提供免费的试用装漱口水。门店店主为了提升客户对门店的好感度，也愿意赠送免费产品。为了提升粉丝的精准度，我们可以规定客户只有在门店消费后，才能扫码领礼品，避免很多人只是为了来蹭礼品。

二维码和产品一体：这种产品一般需要 DIY 定制。我们可以为门店定制一些印有二维码的购物袋；如果是饭店，可以为饭店提供一些外包装印有二维码的纸巾；如果是美甲、美妆和服饰店，我们可以做一些小手册，手册内容对客户一定要有价值，同时在手册中顺便宣传门店产品，并加上我们的二维码。

4. 地推引流

地推引流和门店引流方式是一样的，只不过是把地点从店内转移到了店外。

地点方面：地推引流要选择在人流量比较大的场所，比如大型商场、大型活动的现场、大学校园、住宅小区和商业中心等。

时间方面：地推引流一般选择在节假日，比如元旦、春节、五一、国庆以及周末，因为节假日人流量比较大；也可以选择在"京东 618"，"淘宝双十一"等约定俗成的电商购物节，此时有很多实体商家会同步在线下搞活动。

在门店里，我们可以通过送礼物扫码引流。在门店外，我们也可以引流，但不能用扫码送礼物这种简单的方式，而是要增加免费领取礼物的难度，因为门店外的人流不是很精准。

比如可以通过转发送礼物，让对方转发我们朋友圈的第一条信息，这样既让对方加你为好友，又通过分享实现了粉丝的裂变。转发送礼物引流的方式也适用于门店的引流。前提是礼物必须有足够的吸引力。

有时候为了提高粉丝的精准性，我们可以将地推的场所定位得更精准一点。你的目标人群在哪里，你就把地推的场所定位在目标人群常去的地方。比如你的目标群体是宝妈，你可以将地推场所定在母婴店附近或亲子游乐场附近。

5. 社区引流

我们可以在小区内贴广告或拉横幅，吸引目标人群扫码关注我们。小区客户的黏性一般较高。

我们社群就有一个轻创业者在自家小区和附近的大小区内都拉上了横幅，结果吸引了一大批黏性很高的小区居民加她，其中以宝妈为主。她把轻创业事业做得风生水起。

在小区内张贴广告或拉横幅，事前一定要和物业打好招呼，征得物业的同意，必要时花点钱也是可以的。

线下引流没有做不到，只有想不到。

6. 线下媒体引流

线下媒体引流要根据目标群体的特性选择合适的场所和媒介来投放适合的广告。线下引流的媒体、媒介很多，如发传单、公交车、公交站牌、出租车、火车站和高铁站等。传统推广方式轻创业者也可以尝试使用，如果使用得当，效果会很好。

有一个徐州的社交电商品牌，靠本地化社交电商起家，在徐州市所有公交站牌投放了品牌广告，结果团队伙伴裂变速度极快，品牌趁机做大做强。

还有一个做袜子的社交电商品牌在义乌的火车站投放广告，火车站附近的广告牌几乎被该品牌霸屏了，其推广效果非常惊人。

当然线下媒体引流因为推广费用较高，更适合有一定资本的大社交电商和品牌方。

7. 二维码名片线下引流

轻创业者可以在产品包装、说明书、纸质名片、衣服、海报和定制的小礼品上印上自己的二维码。我们可以在草料二维码网站制作赏心悦目的二维码。

例如，销售护肤品的轻创业者，可以与快递合作，在快件的包装上印上自己的二维码名片，收到快递的用户可以通过扫码关注领取代金券、现金红包或者小礼品等。

在福利的诱惑下，扫码的人自然会增多，你的好友数量也会随之水涨船高。

让你赚钱的朋友圈销售型文案写作模版

查尔斯说过："文案写手，就是坐在键盘后面的销售员。"

同理，朋友圈文案写手，就是微信朋友圈背后的销售员。

1. 朋友圈销售型文案的基本结构

朋友圈销售型文案，由标题、正文、结尾三部分组成。考虑朋友圈对文案字数有限制，加上太长的文案不容易吸引读者读完，因此建议文案控制在 6 行。6 行文案 6 句话，分别扮演着不同的作用。

朋友圈销售型文案的标题

第一句话相当于文案的标题，要能吸引用户的注意力，引导他阅读文案。

关于朋友圈销售型文案标题的写作方法有很多，总结起来，对于女性朋友来说比较接地气、拿来就能套用的有以下几种。

数字造势

写作公式为：好处 + 数字 + 强力词（如秘诀、返老还童、秒变瘦等）。

如某护肤产品的文案标题为"如何在 3 个月内，让你年轻 6 岁？"

利益诱惑

除了数字，金钱和利益对微友的吸引力更大。天下熙熙，皆为利来；天下攘攘，皆为利往。微友最关心的其实是你能为他提供哪些切实的利益。因此你的文案标题要与"利"相关，总结写作公式为：目标人群 + 利益诱惑。

比如，我们社群发布的朋友圈文案，其标题为"5 分钟教会你写出价值连城的朋友圈文案标题"。

故弄玄虚

如某减肥产品的朋友圈文案，其标题为"减肥产品可以当零食吃"。

情感冲击

如某美白产品的朋友圈文案，其标题为"美白无瑕，就让你好看"。

差异对比

如适用于塑造团队长朋友圈文案，其标题为"从单打独斗到现在统领万人团队，不过9个月"。

社会热点

比如某招募文案，其标题为"奥运会喊你来上班，你知道吗"。

建议女性朋友结合自身业务板块、产品特点，有针对性地关注相关领域的热点，将其与自己的业务融合起来，这样写出来的文案会更有特色，也更自然。

趣味横生

如某洗发产品的朋友圈文案，其标题为"看颜值的时代，'发才'重要"。

搭流行风

互联网上，每隔一段时间就会出现一些流行词汇，从"亲""你懂的""伤不起""神马都是浮云"到"且行且珍惜""也是蛮拼的""也是醉了""友尽了""任性"，使用这些频率高的流行词汇，在一定程度上也能吸引读者的关注。

比如适用于防晒品的朋友圈，其文案标题为"天这么热，且行且珍惜哦"。

借力名人

名人或者行业内大咖相关的生活、兴趣、事件都能吸引大量微友，成为话题，如我的新零售专栏朋友圈文案标题为"马云、刘强东告诉你，什么是新零售"。

以"议"待劳

如某团队招募文案，其标题为"千万不要跟他玩耍，不过是月入10万元而已"。

上述朋友圈文案的标题写法可以吸引微友的注意力、激发阅读兴趣，进而促进销售。

朋友圈销售型文案的正文

第二到第五句话相当于文案的正文，该部分主要包括正文开头、活动价值和稀缺紧迫感三个板块，要能激发用户的购买欲望和兴趣。

比如某护肤店文案的正文部分如下。

正文开头：新店开业，凭此文案入店。

活动价值：①免费享受脸部美白护肤服务一次；②赠送价值 69 元面膜 3 贴；③购买护肤品立减 15 元。

稀缺紧迫感：礼品有限，先到先得。

朋友圈销售型文案的结尾

第六句话相当于文案的结尾，通常是一个行动指令，要能促使用户立刻采取行动，如"请点赞"、"点赞送福利"和"请联系微信"等。

2. 朋友圈销售型文案的赚钱模型

一篇成功的朋友圈销售型文案，其赚钱逻辑及模型遵循四点：注意→兴趣→欲望→行动。

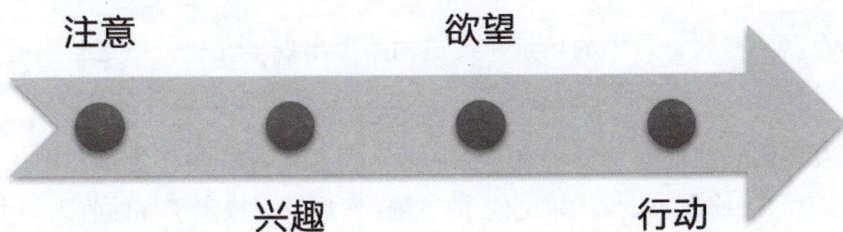

朋友圈销售型文案的转化模型

3. 如何写好朋友圈销售型文案？

写好朋友圈销售型文案，不外乎做好输入、输出、反馈、复盘、提升、坚持和循环这几方面工作。具体而言，可以按照下面步骤进行朋友圈销售型文案的学习及提升。

a. 多观察。学习成交率高的文案写作方法；

b. 多收集。大量收集写好的文案，学习其写作方法及套路；

c. 多练习。从今天开始，每天坚持至少写一篇完整的文案。一开始先不管写得如何，但要完成。完成后发布到朋友圈。如果你担心别人笑话你的文案，你可以将该条朋友圈设置为"仅自己可见"；

d. 多修改。根据我及众多作家的实操经验来看，好的文章、书籍、剧本、文案其实都是经过反复修改的产物。因此，刚开始文案写手尤其要注意对自己的文案进行反复打磨，包括对字词、语气、顺序的调整；

e. 多反馈。第一，请文案老师帮忙指点你写的文案；第二，看数据，根据文案转化率对你的文案进行优化和调整；

f. 多坚持。不断重复上述步骤。

如何构建月入过万的朋友圈盈利模式？

互联网时代，营销的场景、渠道和手段出现了变化，但是营销的本质一直没有变，人的本性一直没有变，人的痛点和需求也始终没有变。

互联网赚钱的底层逻辑是，你的收入与你的社交信任货币及被你影响的人数有关。前者决定了你的收入的下限，而后者则决定了你的收入的上限。

提到收益，就不得不提盈利模式。著名管理学家彼得·德鲁克曾说过："21 世纪人与人之间的竞争主要是赢利模式的竞争，而不仅仅是产品之间的竞争。"

大部分人的收入可能仅仅只是拿时间换钱，很多人连基础的产品都没有。而有的人，却早早拥有了自己的产品，并且拥有比产品更吃香的一整套盈利模式。他们靠这些盈利模式，实现了财富自由。

对每个普通人而言，盈利模式直接关乎利益。特别是在移动互联网时代，有的人甚至只靠一台智能手机就能活得很好。

过往，做生意大多是羊毛出在羊身上，即用户付费购买你的产品。然而，互联网时代，这种单一的盈利模式已经被打破。羊毛可以出在狗身上，由牛来买单。其实，这就是借助盈利模式的威力。

接下来，我会从以下三个方面介绍，如何构建朋友圈盈利模式。

1. 产品盈利模式

朋友圈盈利模式分为很多种，我主要介绍两个比较主流的盈利模式。

金字塔产品型盈利模式

我在一家宠物店，看到这样一种盈利模式，店主卖的宠物很多，其中很可爱的仓鼠每只仅卖1元。你看了会不会心动？但当你买了这只仓鼠之后，发现它需要吃东西，于是你为它买了食物。它还需要洗澡，于是你又买了洗澡的用品。买完你发现仓鼠还需要自己的家，便又帮它买了笼子。当你离开宠物店时，发现自己已经消费了近70元。

又比如，我们经常会看到一些学习班邀请你入群免费听课，还有礼物赠送。当你听完这个免费课，发现还不错，然后你会看到他们推出的一些付费课程也不错，你心动了，于是花钱上课。学习后，学习班又会推出更高阶的课程，在他们的营销推动下，你又忍不住花了更多钱购买了更高阶的课程，最后还成了他们的付费会员。

这就是金字塔产品盈利模式给商家带来的巨大经济收益。

金字塔产品的盈利模式从本质上讲，是通过提供免费或低价的产品来引流，先提供超值的产品，再一步步引领消费者购买更高端的产品，后者能为商家带来更多的收益。

问题解决型盈利模式

该种模式要求你先找到目标顾客，弄清楚他们真实的需求，以及你如何满足他们的需求。

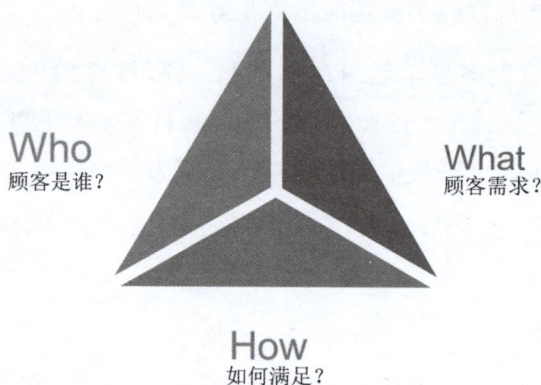

Who 顾客是谁？
What 顾客需求？
How 如何满足？

问题解决型盈利模式的三要素

我有个朋友，她之前是做产品代加工的。她发现移动互联网时代，很多人因为长期使用手机，容易出现视觉疲劳，严重者会出现视力下降。于是她利用自有优势，找了个学中医的朋友，一起研发出一款可以缓解视觉疲劳的眼罩。

有了产品后，她又采用分销模式，招募了自己的合伙人，前期她舍得让利，加上产品确实不错，因此一年流水能达几千万元。随着品牌影响力的增强，每年流水已超过 5 千万元。而通过朋友圈，她的很多宝妈、女大学生合伙人可以月入两三千元，坚持一段时间后，能月入过万元。能组建团队的合伙人，收入可以达到 5 万元，甚至 10 万元以上。

问题解决型盈利模式的底层逻辑是以用户为中心，而不是以自己为中心，也不是以产品为中心。它是从用户的角度出发，从解决问题出发，然后提供能解决用户问题的方案。

换言之，就是你能帮助多少用户解决问题和痛点。当你通过产品和服务树立口碑之后，这些客户会进行复购和转介绍，这样，你的业绩就会倍增。

2. 价格盈利模式

价格盈利模式重点分为两种，就是价格返利模式和动态定价模式。

价格返利模式

随着移动互联网的发展，该种模式越来越常见。目前主要分为三种，优惠券模式、拼团模式和分销模式。

优惠券模式

你去餐馆吃饭，经常会收到优惠券。为了不浪费这些券，你下次再来的可能性大大提升。你平时在朋友圈销售产品或课程，可以发一些优惠券给客户，当客户下次购物时优惠券可以抵一部分金钱，这样就会提高复购率。

促销模式

每年双十一消费者都会选这个时间节点在各大电商平台购物，因为商家会大力促销。那么每逢重要的节假日，我们也可以去做这种促销的活动，甚至蹭"双十一"等购物节的热度。

拼团模式

该种模式以拼多多为代表。你单独购买产品价格较高，但通过分享朋友圈后，3人拼购你只需要花一点钱就能买到这个产品了。这本质上也是一种价格返利模式。

分销模式

分销模式有很多种，考虑到微信官方对分销模式的限制，目前微信朋友圈基本是以一级分销模式为主。你将你听的课程分销到朋友圈，你的微友购买课程后，你可以获得返利。

朋友圈分销适合虚拟产品、利润空间较大的实物产品，商家通过让利给用户，将用户转变为分销者，很容易产生裂变。分销模式是很多宝妈、女大学生、白领兼职的首选。

动态定价

动态定价其实也非常常见。比如每年中秋节前夕，我们会在朋友圈看到很多卖月饼、卖大闸蟹的人。中秋之前，商家卖的价格其实差不多，但是临近中秋，大闸蟹的价格会比平时更高，过了这个中秋节，商品价格又会下调。

这个动态的定价，是根据不同的时间节点、用户需求的强烈程度来制定的。越是关键时刻，用户的需求越旺，价格便可以上浮。

你在朋友圈销售产品，也可以根据节假日等不同时间节点来定价，进而促进销售。

3. 渠道盈利模式

普通人的微信里面没有多少好友，几百上千人算正常，很少有超过3000的。此外，现在微信朋友圈红利期已过，你在朋友圈发信息微友对它的关注度已大大减少。在此情况下，你如果想要批量卖货，其实也挺难的。那该怎么办？可以继续找渠道。

关于这个渠道盈利模式，我主要介绍以下两种。

中心渠道的盈利模式

该种模式很常见，就是你找到相应领域的KOL（关键意见领袖）。只要你能撬动意见领袖帮你去传播，帮你卖东西，你就能在短时间内获得很高的利润。

比如，某段时间网易分享课在很多人的朋友圈刷屏了，其使用的模式就是中心渠道模式，即通过引入一小部分的KOL来帮忙传播，让他们来引爆潮流，然后让越来越多的普通人也跟风转发。

如何寻找KOL？推荐以下几种方式。

朋友推荐

这是最快也是相对最靠谱的方式。第一，朋友能联系到他，节约了你的时间；第二，朋友对他比较熟悉，其匹配度往往很高；第三，彼此的磨合时间较短。

网络途径

抖音等各大互联网平台上都活跃着很多 KOL，很容易联系到他们。

图书

很多 KOL 会出书，并在书中留有联系方式，通过书籍你可以筛选 KOL 并联系到他们。

会议

很多大型会议会邀请相关领域的 KOL 参加，此时你可以找机会与他们交流、谈合作。互动吧、活动行等平台上有很多会议信息，你可以通过这些渠道筛选会议并联系相关领域的 KOL。

如何撬动单个 KOL？主要通过洞察其需求点，通常采用出场费、利润分成以及"出场费 + 利润分成"的模式。

渠道的倍增模式

上述只是找了单个 KOL，其实你还可以在这个基础上进行渠道的扩增，你可以同时引入十个甚至一百个相关领域的 KOL，扩大你的事业规模。

那么问题来了，如何大规模引入这些 KOL 呢？可以采取以下步骤。

a. 引入节奏。KOL 引入过多，供过于求；引入过少，供不应求。因此要根据用户基数、时期及商家自身的需求来决定引入的 KOL 数量。

b. 引入类型。粉丝量多的 KOL 不一定适合你，反而是垂直领域的、粉丝较少的 KOL 在关键时刻更能促进销售。因此，要选择适合的 KOL。如果你是销售减肥产品的，该领域的减肥达人在减肥方面已经有了一定的经验和说服力，其在粉丝心中的影响力更大，可能比一般明星性价比更高。

c. 引入方式。分为内部挖掘和外部引入两种。首选内部挖掘，内部没有合适的人选时再考虑外部引入。

d.内部挖掘。在社群内部寻找有一定影响力，并且内容产出较高的用户，找到其亮点，并进行包装放大。

e.外部引入的流程。明确引入 KOL 的目的→列出备选人员名单→制定合作方案→寻找联系方式→商谈合作引入。

f. KOL 的维系。通过单点联系或社群联系的方式来维系 KOL。

g.建立 KOL 的档案。为了长期维护与 KOL 的关系并开展合作，你需要建立一份精细化的 KOL 档案。该档案通常包含以下内容：个人信息（姓名、电话、联系电话、微信号等）、业务信息（类型、领域、粉丝量、影响力指数等）。

如何打造日入 3000 的朋友圈赚钱模式？

很多微友可能会觉得日入 3000 元难度大，因此信心不足。但我要说的是，日入 3000 元，确实不太容易，但并非做不到。因为我做到了，并且总结了一些实现的经验和方法。你可以借鉴我的经验和方法，朝这个方向努力，当你有一天终于达成日入 3000 元的目标时，你会觉得一切皆有可能。

具体怎么做？走好五步。

开始 ⋯⋯○⋯⋯ 打造个人品牌和影响力

第一步

分享并累积社交
信任货币 ⋯○⋯ 提升社交圈子质量

第三步 　　　　　　　　第二步

管理好优质人脉 ⋯○⋯ 掌握销售技巧 ⋯○⋯ 结束

第四步 　　　　　第五步

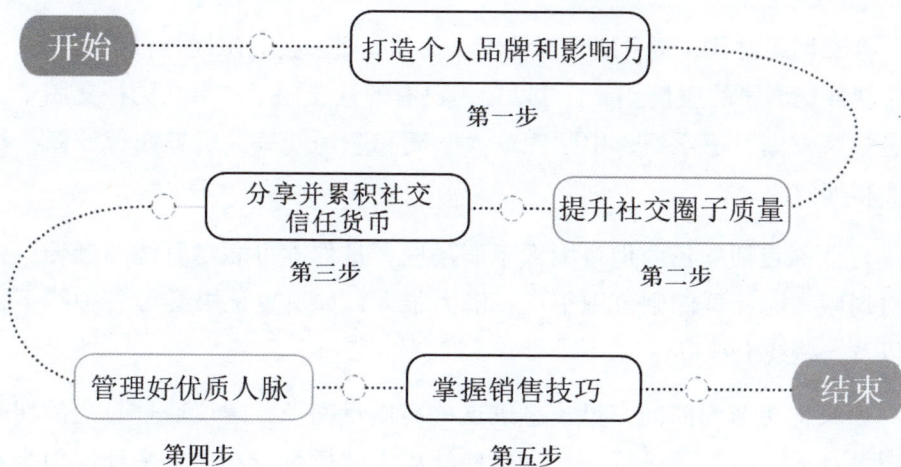

日入 3000 元的朋友圈盈利模式五部曲

1. 打造个人品牌和影响力

打造个人品牌和影响力是个体崛起时代一定要重视的事，而且是个长期工程。

我现在每天都在持续打造我的个人品牌和影响力，因为我知道这件事的重要性和长期性。

那么，具体如何持续打造个人品牌和影响力？

要想打造个人品牌并放大影响力，你需要打造极具魅力的社交形象，尤其是网络社交形象。而网络社交形象以微信朋友圈的个人形象为重。因此你需要重视微信头像的构图、微信昵称的设置、个性签名的编写策略、朋友圈背景图的设计，并提升朋友圈配图的格调。此外，要想持续打造个人品牌，你还需要做好个人定位，并通过持续学习进而提升个人能力，放大特色并坚持与众不同，迅速建立粉丝的信赖感，通过故事营销迅速传播品牌。

2. 提升社交圈子质量

社交网络时代，圈子的重要性不言而喻，如果我们想提升自己的收入，要重视社交圈子的质量。圈子可以分为已有的社交圈子和潜在的社交圈子。前者如亲友圈、小学圈、中学圈、大学圈和职场圈等。后者如行业圈、社群圈和师门圈等。

行业圈包括职场圈但范围大于职场圈，是你本身职场资源的延伸，但相对局限。而社群圈则范围很广，潜力很大，如樊登读书会等各种线下社群以及一些线上社群。

如果你想节约时间，迅速融进这些高质量圈子，建议通过身边的朋友介绍多加入一些付费社群，一来这些社群人脉质量较高，二来社群因为有圈子及社群核心人物的背书，更容易建立信任。

师门圈则是一种比较特殊的社群，它通常由在某个领域有一定影响力的人建立，圈子里有很多师兄师姐因为被师父的个人魅力吸引，或想借助其影响力连接师门中的高端资源及行业资源而选择拜创始人为师。

根据我自身的经验，依我之见，付费社群圈、师门圈等社交圈子的质量更高，能更快建立信任，更易找到合适的资源，并整合资源，变现更容易。当初我进入师门后，一下子跨进了某个全新的行业，迅速积累了大量的资源、人脉及影响力。

3. 分享价值，积累社交信任货币

分享经济时代，想迅速扩大你在社交圈中的影响力，一种低成本、高收获的方式就是分享。分享你的知识、经验、资源给你身边的人和网友。由于信息差的存在，你无需担心分享的东西无价值，你需要做的就是找到适合你的圈子并不断分享。你可以在自己的圈子中对刚入圈的小白进行分享，也可以跨圈子去分享你的行业知识。这两种圈子中你都是专家，更容易获得认可和积累粉丝。

按照分享方式，分享可以分为语言分享、文字分享，前者适合不善于写作的人；后者适合文字工作者。按照分享形式，又可以分为线上分享和线下分享，前者如微信群、直播、抖音、电台和自媒体等网络平台的分享，后者如线下沙龙、演讲分享等。互联网时代，分享的成本及难度大大降低，你只需要找到适合你的方式不断分享价值即可。

通过不断分享，日积月累，你可以积累大量的社交信任货币。

4. 管理好你的优质人脉

经过上述步骤，随着你影响力的扩大、资源的积累，你已经拥有了大量人脉，此时你需要对这些人脉进行管理。磨刀不误砍柴工。做好人脉管理工作，会帮助你在关键时刻节约大量时间，事半功倍。

管理的核心是筛选和分层管理，具体可以采用以下方法：

a. 创建常用的人脉标签；

b. 通过微友后立刻备注；

c. 微友进行标签分类；

d. 利用碎片化时间检查更新。

5. 掌握专业的销售技巧

如果你想将资源迅速变现，那么要学会销售，即使是轻资产创业也一样。平时多看些销售书籍、学习一些销售的知识不是坏事。万一哪天你做了业务员或者自己创业，这些销售方面的知识就能派上用场了。

但做销售也要学会借力、借助工具，学会总结和升级。我将销售方式主要分为两类：服务型销售和专家型销售。前者就是不断为微友提供贴心周到的服务，在建立足够的信任后，让对方对你的产品和服务满意而下单；后者则是靠你的专业知识和权威吸引对方购买你的产品。如很多讲师会通过销讲成交客户，有些专家则通过自己的专业度及权威度让你下单。

这两种销售方式各有优势，你选择适合自己的那种即可。我个人倾向于后者。当我在社交电商行业通过出书成为专家并有了一定的影响力后，我发现通过我的专业知识及影响力去让自己的粉丝、客户下单更容易，而且这种情况下也很容易成交大单。

其实明星让粉丝买单，也主要是借助其专业性及影响力。因为一来专业的人、有影响力的人更容易让人信任；二来更容易影响客户；三来客户更愿意通过买单与其建立关系。当然，前提是你能真正为对方提供价值，甚至是超值服务。

因此，我反复强调女性朋友要打造个人品牌及影响力。因为通过专业度、影响力去轻创业和赚钱会更容易、轻松，而且影响力可以不断累积，到一定程度后甚至可以爆发，此时你就可以收获普通人极难获得的回报，甚至实现财富自由。

| 第 **7** 章 |

女性轻创业赚钱之路：
女性轻创业赚钱的策略及方法

轻创业将成为大部分渴求时间自由，又能赚到钱的女性的主要创业方式，甚至生活方式。

让你赚钱的四大轻创业类型

轻创业具有轻资产、低风险等特征，其门槛高低是相对的。有些轻创业类型门槛较低，对创业者技能要求较低。而有些轻创业类型门槛相对较高，要求创业者具备一定的专业技能，比如写作、演讲和专业知识等。

我认真研究了当下的一些轻创业项目，总结出目前主流的轻创业类型主要有以下四类。

1. 服务型创业

这种类型的轻创业者主要靠出卖体力和时间，对专业技能要求较低。它属于门槛比较低的类型，适合大部分想在短时间内通过出卖时间和体力赚钱的兼职者，比如滴滴专车司机、代驾、送外卖、摆地摊、网店客服和发传单等。

有人会问：开汽车难道不需要一定的技能？我这里之所以将司机归为服务型，是因为现在会开车的人太多，开车门槛较低，对体力要求更高，而对技能要求相对较低。而且，我现在已经习惯将这种门槛比较低、投入时间很多的轻创业都称为服务型轻创业。

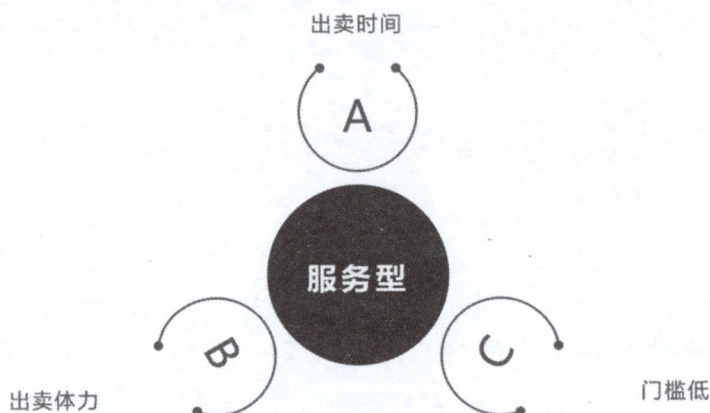

服务型轻创业的特点

2. 资源型创业

这类轻创业者拥有其他人不具有的某种资源或渠道，如产品资源、人脉资源等。而且此类轻创业对创业者的营销能力要求往往较高。

比如我身边有些朋友他们没有自己的主营业务和公司，他们与一些大的平台公司合作，将身边的资源和渠道与该平台对接，借助该平台将自己的资源变现。他们既可以帮助身边的客户解决需求，又能为平台提供客户和价值，而自己还不需要承担创业风险，创造了多赢的局面。

这类创业优势很明显：第一，轻创业者不需要自己成立公司；第二，创业者不需要自己组建团队；第三，创业者与平台的合作方式灵活，不需要在平台坐班，来去自由，很适合那些有资源、想变现、不想上班的创业者。

3. 技能型创业

该类轻创业者需要具备一定的专业技能，而技能的培养和提升需要时间，因此该类创业门槛相对较高，但回报也较高，很适合那些有一技之长的轻创业者。

比如很多外语专业的大学生在校期间利用自身专业为一些外国人、企业做口语翻译，或者是与翻译公司、平台合作做笔译。再比如，我本科和研究生学的都是临床医学，读研期间，我的一些同学会利用医学知识及统计学知识帮朋友或客户润色医学论文。无论是外语还是医学，对专业知识的要求都很高，不具备这样的专业背景和专业技能的人很难涉足这些领域。

此外，同样是专业技能，理工科、医科专业的轻创业者其收入往往高于文科专业。因为，前者对专业知识要求比较高，不是学这个专业的人很难上手；而后者的领域由于比较容易上手，具有一定文字功底的人就能从事，因此竞争者多，收入很难得到提升。

4. 复合型创业

有些轻创业项目属于复合型，不仅需要创业者拥有一定的资源和人脉，同时还需要他具备一定的技能。

比如当下很火的社交电商创业，要求轻创业者是一个复合型人才，不仅要有一定的人脉，还需要掌握引流、销售、做服务和带团队等技能。再比如社群运营，要求轻创业者不仅具有一定的个人魅力，能吸引、聚集一批人加入社群，还要能运营社群、裂变社群。

我有位女性创业者朋友，她销售的是口腔护理类产品。她创建了一个微信群超市，经过几天的运营，收效很好，帮助她及群里的伙伴成交了几千单的交易。

其实她当时之所以建立微信群超市，是因为在她的孩子过生日期间，这些好友在她的朋友圈点赞，给孩子送来了祝福。为了感谢她们，她将这些好友拉进群，并举办了抢礼品的活动，活动结束后，她还顺便在群内为好友做了干货分享。

通过这七天的分享，她发现群友对她的分享及为人非常认可，社群活跃度很高，这激励了她，于是她打算将这个微社群继续维护下去。但在持续分享知识之后，她发现单纯分享干货很容易出现天花板。思来想去，她发现在社群中为群友搭桥牵线做资源连接者是个可行的模式。于是她鼓励群友在微信群中分享各自的产品，并允许交易。

出乎她的意料，第一天群友的分享结束后，就成交了 100 单以上。随后，很多热销的单品，在几个微信群中销量可以达到 500 单以上。

为了弥补微信群超市产品品类的不足，她又引进了其他价廉物美的产品，丰富了超市的货品。

在她的运营下，微信群超市开始步入正轨，并形成了一套规范、系统的运营经验，现在该微社群每周 3 次分享，给每个社群制定不同的定位，并考核社群管理员的出勤率及业绩。

上面这个案例表明，微信群超市这类轻创业项目及思路是可行的。

复合型轻创业的要求相对较高，而且创业初期需要足够多的积累。很多人可能做了一段时间后会选择放弃，但坚持下来的人，在互联网裂变的优势下，往往能获得极大的收益。尤其适合跨界创业并且想倍增收入的人。

具体选择哪种轻创业类型，创业者要根据自身实际情况来定。如果你有一技之长，尽量选择那种对技能、专业知识要求较高的轻创业领域，此类项目，准入门槛变高，市场上与你竞争的人比较少，你就可以赚到更多钱。否则，你明明具备一定的特长，却去做准入门槛较低的事，由于竞争激烈，你的收入很难提升，浪费了很多机会。

轻创业如何做才能月入过万？

进行轻创业的人有很多，并不是每个人都能成功，实现月入过万。那么我们进行轻创业时，需要做些什么才更容易实现目标？

1. 看轻挫折

我（殷中军）经常会思考挫折或失败在我们生命中的意义。我想，恐怕大部分人都不喜欢或者不愿意遭遇挫折。谁不希望一帆风顺呢？

从小到大，我们都想方设法尽量避免遇到挫折，无论是学习，还是工作，或者创业。在我们的潜意识中，成功远比挫折更重要。父母为了让子女少遭遇一些挫折，万事皆为他们操心，生怕他们磕着绊着，最终把很多祖国的栋梁变成了温室里的花朵，禁不起任何风吹雨打。

可事实是，在生命之旅中，挫折是不可避免的，甚至比成功还重要。没有挫折，我们甚至寸步难行。记得小时候，我是跌倒了多少次才学会走路，摔了多少次才学会骑自行车。

高考时，因为没发挥好，我只考了一所很一般的本科院校。大学毕业后，我比较顺利地考取了公务员。但我工作期间并不是很顺，遭遇了很多麻烦和挫折。面临挫折时，我并没有去想这些挫折为什么会出现，我从中又能学到些什么。我甚至有点怨天尤人。

工作几年后我开始准备考研，由于是边工作边备考，复习的时间很紧，加上考研经验不足，第一次考研考得并不是很好，只能当南京大学的自费生。我有点不甘心，我认为以自己的实力完全可以考得更好。因此我准备再考一次。

有了第一次的教训，我知道自己在英语方面实力并不弱，主要是考前没有进行模拟，导致我的英语考试时间没有控制好，作文写得很仓促，失分很多，翻译还空了几题没写。虽然专业科目考试时间充分，但由于准备时间不足，很多知识点没复习到。

因此，第二次考研时我考前进行了多次模考，确保合理安排好英语考试的时间。考研英语、政治满分都是 100 分，而西医综合满分是 300 分，是拉分的关键。为了提升总分，针对西医综合我做了充分准备，除了认真看教材，还认真研究辅助复习资料。在我的充分准备下，第二次考研我顺利考上了上次报考的南京大学，成为公费生。

事实上，取得任何一种成就的过程中都不会一帆风顺，挫折是不可避免的。班扬在写作《天路历程》时，没有稿纸，于是他把牛奶瓶上的纸瓶塞铺平做稿纸；吉福德在写作第一本数学作品时，还只是一个跟碎皮革打交道的鞋匠学徒工；天文学家路登豪斯第一次计算日月食时是在犁把上进行的；爱迪生在研发出实用、耐用的电灯之前，经历的挫折常人难以想象；史玉柱在东山再起之前，负债数亿元；马云在建立阿里巴巴之前遭遇的挫折和拒绝数不胜数。

我学开车时也是这样。由于考完驾照后很久没有碰车，因此买了车后再开车，技术就变得很差，经常会磕着、碰着。我爱人很心疼车，一度不让我碰车。在我的软磨硬泡下，她才同意继续让我开车。只不过我吸取了之前的教训，开车时不再那么鲁莽，变得小心翼翼。就是通过不断的练习，我慢慢掌握了开车的技术，变得专业起来，甚至后来方向盘似乎成为我身体的一部分，分外默契。

现代女性，所谓励志，就是看轻挫折。

2. 从错误中学习

在生命之旅中，犯错、受挫是不可避免的。正是因为有了挫折，我们才能从中学习，知道什么有效，什么无效，并在此基础上找出行之有效的方法和对策。生活中的经历告诉我们，做一件事时，刚开始可能会犯很多错，之后犯的错误会越来越少，因为我们从错误中学到了很多经验。如果我们能审慎地看待生命中的挫折，我们将从这些挫折中获益。

有些人并没有意识到挫折的价值，他们把挫折当成坏事，尽量远离它，一旦遇到挫折，他们就会变得一蹶不振，怨天尤人。其实，他们错过了一次很好的成长机会。塞翁失马焉知非福。他们没有想过，挫折说不定是上天馈赠给你的一件礼物，只是礼物的外包装比较难看而已。

史玉柱说："我从失败中学到的远多于从成功中获得的。"一旦我们不再把挫折看成坏事或消极地看待挫折，而是换种思维方式看待挫折，以挫折为师，从挫折中学习，那么，我们离成功便不远了。

优秀创业者遵循的核心准则之一是，看准机会后快速行动，不断犯错，小步迭代，从错误中及时总结及时反思并不断优化，快速占领市场。

腾讯公司便是如此，看到好的机会和项目，会迅速成立项目小组，尽快研发，快速将研发成果投入到市场，从中获取反馈，不断优化产品，快速领先竞争对手，赢得客户。微信便是在这样的行动中获得了巨大的成功。

创业如此，人生也是如此。快速行动，从行动、错误中获得经验教训，让自己的心智更加成熟，获得不断的成长。生命的意义就在于过程的丰富和精彩。

拿破仑·希尔说过，"每一次失败，每一次挫折，每一次心痛，里面都蕴含着同等收益的种子。正是这些种子，日后生根发芽，结出成功的果实。这些种子能否结出成功之果，关键看你怎么看待挫折。"

现代女性，尝试，永不会失败！

3. 设立目标

自我提升需要不断付出努力，正如攀登者需要克服艰险、不断向上。但向上并非徒然，必须将"山顶"看作孜孜以求的对象，才会拥有不休不止的动力。同样，在社交电商从业者自我提升中，设立目标是不可或缺的能力。

现代管理学之父彼得·德鲁克在他的《管理的实践》中提出目标管理的 SMART 原则，指出合理的目标要满足以下五大原则：

原则一，目标要具体（Specific）；

原则二，目标要可度量（Measurable）；

原则三，目标要可实现（Attainable）；

原则四，目标与其他目标具有相关性（Relevant）；

原则五，目标要有明确的截止期限（Time-based）。

通俗地讲，合理的战略目标必须是努力跳一跳能够得着的，既给人希望，又让人有信心。

具体如何制定合理的目标？

分析你的现状

制定目标，为自己的未来勾画一幅蓝图，描绘到达最终目的地的时间和要求，但究竟如何起步，还得从自身的现状出发。因此，要充分分析自己的目前情况。比如，自己现在有哪些人脉和资源；有哪些优势和不足，如何发挥优势，克服不足；自己的毅力和勤奋程度如何；自己的工作方法和效率怎样，需要做哪些改进；能力结构如何，适合零售还是带团队等。在这样的基础上再制定目标，比如，1 年、3 年、5 年团队裂变到多少人、业绩倍增到多少。这样目标实现起来才会更实际，实现的可能性才会更大。

明确你的目标

拿出一页白纸、一支笔，思考你这一生、这一年、这一个月要达到的目标，然后确定它，记录它。

在练习设定目标时，首先应注意目标的可行性。每个人的背景、能力和价值各自不同，所能实现的目标也不同。目标必须符合自身条件，才能有实现的可能；反之，过高或过低的目标，都缺乏科学性，既有可能导致裹足不前，也有可能引起盲目自信。

你写出目标时需遵循的以下原则：

a.排列优先顺序。尽管你几乎可以得到你想要的任何东西，但你不可能得到你想要的所有东西。其一，资源有限。其二，精力有限。其三，生命有期；

b. 不要混淆目标和欲望。合理的目标是你真正需要实现的东西，欲望则是你想要但会阻止你实现目标的东西；

c. 调和你的目标和欲望。明确你在生活中真正想要的东西；

d. 不要把成功的装饰（比如过程中的小成就）误认为成功本身；

e. 永远不要因为你觉得某个目标无法实现就否决它。你要放心大胆地去做。总有一条最好的道路，你要做的是找到它，并鼓起勇气沿着它前进；

f. 伟大的期望创造伟大的能力。如果你把目标只限定为明知自己能实现的东西，你的自我要求就太低了。

将目标分类

目标应该细化、量化。没有经过分解落实的目标，无法体现为一个时间阶段内可以完成的数字。这样的目标，最多只能引起你内心的短暂波动，无法变成持续督促你提升的追求信念。

将目标按照时间分为短期、中期、长期目标。

确定你的长期目标。人生的长期目标，是一个5年、10年、20年甚至几十年为之奋斗的梦想，应该定得远大一些，这样有利于发挥自己的潜能。但由于某些不确定因素的存在，人生目标是不一定非常具体、详细的，只要有一个明确的方向就可以。

制定中期目标。长期目标比较遥远，因此可将其分解成一些中期目标。一般中期目标以1~5年为期。轻创业者以团队人数、业绩总额为目标，制定5年内的目标，如团队人数要裂变到多少人，业绩倍增到多少等。

制定短期目标。从时间长短来看，短期目标可分为一年目标、半年目标、季度目标、月目标等。

将目标拆解

为了让目标推动你成长，必须要学会将宏大的目标，按照重要性、层次、步骤或者时间环节，划分成不同的细小目标。随后，在具体的工作和生活中，按照流程去逐一加以实现。

例如，创业者可以事先设定好，每月、每周参加多少次线下活动，每次应该完成多少引流、吸粉。在自我学习成长方面，要规定每周读几本书、每天读几个章节。在客户关系方面，每天要和几个目标客户聊天，从而培养关系……这些具体的数字，都是个人努力的方向，也是自我成长的细化目标。

1984 年，日本马拉松运动员山田本一夺得了东京国际马拉松邀请赛的冠军。其成功秘诀就是将大目标分解成一个个小目标。

他在自传中说："每次比赛之前，我都要乘车把比赛的线路仔细看一遍，并把沿途比较醒目的标志画下来，比如第一个标志是银行，第二个标志是一棵大树，第三个标志是一座红房子，这样一直画到赛程的终点。比赛开始后，我就以百米冲刺的速度奋力向第一个目标冲去，等到达第一个目标，我又以同样的速度向第二个目标冲去。四千多米的赛程，就被我分解成这么几个小目标轻松地跑完了。"

我现在比较习惯将中期目标拆解为若干短期目标，短期目标再将一年目标、半年目标拆解为季度目标，季度目标会制定相应的月计划来实行。至于长期目标，我未做详细拆分，而是有了明确的方向，心中始终牢记这个大梦想，不敢懈怠。

我甚至觉得，长期目标是一个水到渠成的事，只要你长期目标的种子播种了下去，它终会生根发芽，有一天指引你到达目的地。因此，牢记你的长期目标即可。

制定行动计划

根据自己的资源、人脉、成就、技能和努力程度等实际情况，制定自己的行动计划，主要是明确自己将要在哪些方面采取什么样的措施。

为了降低畏难情绪，可以先初步制定一个 1.0 版本，在执行过程中不断优化。

现在就请拿出一页白纸、一支笔，思考你这一生要达到的目标，确定它，记录它。

4. 自我激励

无论是在生活中还是在职场上，成功人士都拥有一项共同的情商特质：自我激励。

所谓自我激励，是指你无须外界的奖励或者惩罚作为手段，自觉为设定的目标而努力、奋斗的一种心理特征。

你是一名员工，你说"我不行"，你的老板可能会说"你行的，你再试一试"。可如果你是一名创业者，你自己就是老板，你说"我不行"，谁来激励你呢？如果你在做社交电商，团队老大也许会鼓励你、激励你。但如果你想长期坚持下去，你必须学会自我激励。

你平时可以反复大声朗读一些具有极强激励性的话，每次心情低落、被打击时，反复大声朗读这些激励性的话，甚至将它录成音频，反复听。能帮助我们快速从沮丧的情绪中走出来，重新燃起激情！

5. 做到自律

自律是指以积极主动的态度克制自己的情绪，进行自我约束的能力。自律者有六个特质：敢于面对现实、敢于直面困难、拥有强大的意志力、为人勤奋、有足够的耐心和耐得住孤独。

这方面最好的代表人物之一是日本小说家村上春树。村上春树日复一日过着同样的生活：每天早上起床写作，跑步或游泳一个小时。为了早起，他要拒绝所有夜生活的邀约和其他方面的诱惑。同时，他在每部小说写作的间隙会翻译文学大师的作品。

同样，罗辑思维和得到 App 的创始人罗振宇也是自律性极强的人，即使在很忙的时候，他也会坚持"死磕精神"，每天早上 6：30 左右在微信公众号中推送自己的语音消息，这一习惯坚持了多年。

村上春树和罗振宇这样的人才是孤独的真正朋友。孤独于他们，已不仅仅是习惯，而是好友了。

而我身边很多非常优秀的人也无不是自律性极强的人。

我有个朋友，无论多忙，无论多晚，每天都会坚持录制一条音频。正是通过这种极强的自律性，他积累了很多粉丝，影响了很多人。

自律并不复杂，即便是十岁的小孩，也能掌握。不过有时候，即使是富甲一方的富豪，也可能因为不够自律而招致失败。要想掌控自律，你需要耐心修炼。如果你想成为一个自律的创业者，要认清现实，直视困难，提升意志力，耐得住孤独，用勤奋、耐心来实现你的目标，成就你的雄图伟业。

上述优秀的习惯，可以算是轻创业的内功心法，有了它们作为奋斗的基石，月入过万对你来说，将不再是难事。你要做的就是，养成并坚持这些优秀的习惯。

全职宝妈轻创业赚钱攻略

按照轻创业的四大类型，全职宝妈可以重点选择如下轻创业方式。

1. 服务型创业

全职宝妈需要照顾孩子和家庭，因此长时间外出兼职基本不可能。可以考虑网络兼职，比如淘宝客服、刷单等。这类创业可以利用自己的碎片化时间，对创业者的耐心和责任心要求较高。

我重点推荐社区 O2O（线上到线下）服务这种当下新兴的且比较适合

全职宝妈的轻创业模式。

你上了一天班，很累，回到家不想做饭，你拿出手机一键预约，就会有人把饭做好了送上门；或者你想吃一点特别的，有人亲自上门给你做饭；你不想洗衣服，拿出手机一键预约，有人上门帮你洗衣服；有人上门取走你的衣服，帮你清洗完之后再还给你……你享受着贵宾级待遇。

上面场景中你享受的就是社区O2O服务，也是当下很火的"家门口经济"衍生出来的服务。社区O2O服务就是平台融合了小区周边超市、药店和餐饮等零散商家，以小区为核心，以物业服务为载体，为小区居民提供便利的上门服务，将线上线下融合在一起——居民可以线上下单，线下接受服务。

社区O2O服务本质上是马云提出的新零售的一种，借助互联网为消费者提供更高效率的服务、更高质量的体验，可以算作一种懒人型商业模式。

社区O2O服务这种家门口经济模式如何落地？主要分为以下三步。

精准设计服务模式

平台要融入人性化思维，为居民提供个性化服务，并重点搞好企业和客户的关系，提升客户满意度。

与周边商家洽谈合作

平台在与周边商家谈合作时，要重点考虑客户的消费场景。

让社区O2O服务落地

可以采用以下几种方式：用"一卡通"整合周边商家，做好家政服务，提供快递收发及上门服务。

选择社区O2O服务型创业，"野心"较大的宝妈可以整合周边资源，创建服务平台；也可以成为商家之一，入驻服务平台，借助平台进行轻创业；或者成为服务者，与商家合作，为消费者提供服务。

2. 技能型创业

全职宝妈可以用好自己的专业知识或育儿经验，借助它们来赚钱。

文字类创业

这适合那些有一定文字功底的全职宝妈。

宝妈可以做自媒体，将自己的专业知识或育儿经验写成文章，发布在网络媒体上，靠这些来积累粉丝、赚钱。现在今日头条、百家号和企鹅号等网络平台对持续输出原创内容的作者推出了扶持和鼓励政策。宝妈可以利用带孩子的间隙持续写作，借助有特色的文章赚取收益。

人人皆媒体的自媒体自 2013 年开始流行。自媒体时代，各种不同的声音来自四面八方，电视、报纸和书刊等传统的主流媒体的声音日渐衰微，受众有了更多获取信息的渠道和自由，而有一定才华的草根群体则正好借助论坛、博客、微博、微信以及新兴的新媒体尽情表达自己的观点、看法和思想，放大自己的影响。

自媒体人可以通过为网友提供价值，获得大量属于自己的粉丝，待粉丝积累到一定量后，即使没有产品，你也可以将流量通过各种方式变现。

阿里巴巴旗下的"阿里妈妈"广告平台创造了一个新的职业——"淘宝客"，即如果你有流量，通过推荐产品链接就可以赚取收益。

"腾讯"开通了广点通平台，如果你运营的公共号有一定的粉丝量，便可以申请成为推广者，分享广告链接赚取收益。

你也可以为商家写作软文，并通过自媒体发布软文，帮品牌进行宣传和推广，获取商家的佣金或广告费。

这样的变现方式还有很多，只要我们有粉丝，借助移动互联网我们便可以没有产品而赚取收益。

讲课类创业

并非所有全职宝妈都适合写作，现在知识付费，网络授课平台增多，不擅长写，但表达能力不错的宝妈可以在相关网络平台上为同专业的新人分享自己的专业知识或育儿经验。但前期需要花费一定的时间和精力，积累足够的粉丝和影响后方能赚钱。这类平台有荔枝微课、千聊和 CCtalk 等。

咨询类创业

有些平台需要相关的专业人士用语音或文字回答网友的提问，根据提问质量和付费人数赚钱。这类平台有分答、在行和悟空问答等。

3. 复合型创业

复合型轻创业比较特别，往往进入门槛不高，但如果想做好，对创业者本人的综合素质及韧性要求较高，比较适合全职宝妈。

这类创业目前首选社交电商。相较传统创业项目，社交电商创业时间自由，门槛低，风险小。资源少的宝妈可以选择做零售，虽然前期起步较慢，赚钱比较辛苦，但如果能坚持下来，耐心服务客户，收入及前景是可观的。

如果是有一定资源及人脉的宝妈则可以快速发展团队，倍增业绩。如果之前你在网络平台上已经利用自己的特色技能积累了一定量的粉丝，那么你的起步会比较快。根据我对身边做社交电商的创业者的采访和观察，做好社交电商其实最需要的技能是耐心和坚持，而非方法。

全职宝妈除了选择社交电商创业，组建团队，也可以利用自己的技能，为社交电商创业者服务。

1850年，美国旧金山的矿工们疯狂挖矿，指望一夜暴富，但他们却买不到一条耐磨的裤子。年轻的小伙子李维斯洞察到商机，利用积压的帆布做成耐磨的裤子，很受矿工们欢迎。后来李维斯这个牛仔裤品牌还成为世界名牌。如果彼时李维斯也去跟风挖金，很有可能挖不到多少金子，而且世界上可能就少了一个叫作"李维斯"的品牌。

做社交电商也一样，如果所有人都去卖同质化的产品，那么只有最早进入的一批人收获最大。在社交电商群体中，有很多企业，他们对移动互联网营销有诸多需求，他们的需求要靠具备技能的创业者来解决。在此基础上，互联网行业诞生了其他创业者，他们做微信网站、个人名片、提供社群工具、朋友圈文案和朋友圈海报等，成为专门提供服务和技术的第三方服务者或平台。

我有个女性朋友，她擅长写作，便在社交电商圈子中销售自己的技能。社交电商中写作能力强的人很少，大部分人都写不好销售文案，而她的技能刚好可以帮助这些创业者写销售文案。因此她不断采访创业者并撰写他们的创业故事，代写营销软文，用她的文字包装与塑造朋友们的个人品牌。通过为创业者提供服务，她成了销售文案的轻创业者，打开了微信销售的渠道。现在的她，事业做得如鱼得水。

其实我们无须盲目跟从，只需要定位好自己，找准自己的优势领域，放大自己的专长，就能快速走向成功。一味地去做同质化但不是你擅长的事情，反而会限制你的发展。

女性白领轻创业赚钱攻略

1. 服务型创业

女性白领通常白天上班，比较适合的低门槛创业项目是晚上到夜市或大学附近摆地摊，做打车平台的兼职司机等。也有一些女性白领善于发现机会，为身边的女性白领提供服务，借此开拓出了女性白领领域的创业市场。

2. 特色技能型创业

女性白领可以借助自己的专业知识来赚钱，可以分为以下几类。

文字类创业

这适合那些有一定文字功底的女性白领。你可以利用业余时间做自媒体，将自己的专业知识写成文章，发布在网络媒体上，靠这些来积累粉丝、打造影响力。

自媒体的内容可以参考上文。这里拓展讲述自媒体创业变现的四种模式，如下。

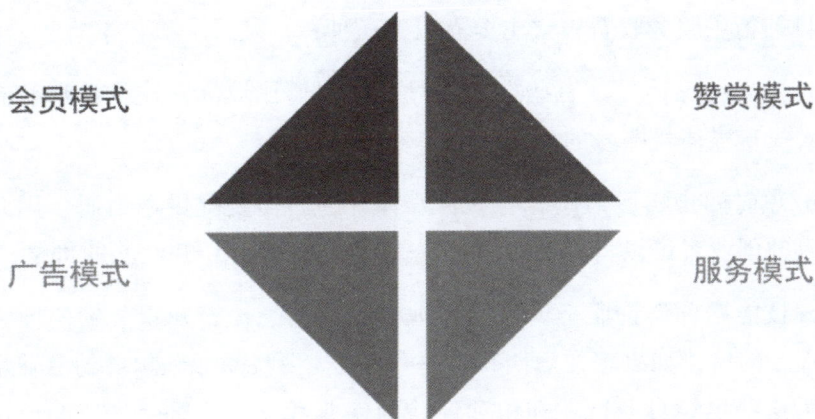

自媒体创业变现的四种模式

会员制模式

自媒体创业者如何通过会员模式来增粉变现？

第一步，免费会员制，先积累粉丝，为后期收费做准备。

第二步，变免费为收费。这是建立在已经积累了一定量粉丝的基础上。针对 VIP 会员的服务要区别于普通会员，这样才能吸引普通会员升级为 VIP 会员。

赞赏模式

自媒体创业时，除了会员制模式，赞赏模式也是一种常见的变现模式，已被越来越多的媒体人采用。

自媒体人如何借助赞赏模式变现？

第一步，获得原创保护功能。

第二步，获得赞赏功能。

衍生服务收费模式

这种模式类似于美国淘金热期间为淘金工提供矿泉水、牛仔裤等服务来盈利的模式。

目前衍生服务收费模式主要有以下三种：

a. 售卖自媒体号。有些自媒体号开通门槛比较高，这就让那些有机会获得大量自媒体号账号的创业者有了变现的方式；

b. 短时间售卖邀请码。有些自媒体开通时需要提供邀请码，因此拥有邀请码的创业者可以将其销售出去。曾有邀请码卖出 5000 元的价格；

c. 技能培训咨询服务。任何行业，因为信息少、知识欠缺的原因，很多新入行的伙伴如果想在短期获得提升，就需要接受相关领域的专业培训。这就为这些已经具备行业知识和经验的创业者提供了机会，他们通过为新人提供线上线下的教育培训、咨询来盈利。在每个行业的红利期，这些教育培训的咨询者都获益颇丰，而且作为老师，其成就感要强于一般创业者。

广告收入模式

现在很多网络平台都为自媒体人提供了多种变现方式，其中广告是一种主流的模式。

目前，自媒体创业者的广告模式主要有：

01 商家软文广告　图文群发广告　02　03 文章底部广告　菜单入口广告　04

自媒体创业者主要的广告模式

非文字分享类创业

分享类创业主要通过以下几种方式赚钱：

a. 讲课。不擅长写、但表达能力不错的女性白领可以在相关网络平台上为同行业的新人分享自己的专业知识或职场经验；

b.咨询类。女性白领可以在分答、在行和悟空问答等平台上用语音或文字回答网友的提问，根据提问质量和付费人数赚钱；

c.才艺展示类。随着移动互联网的发展，女性白领借助微信群、抖音等平台为粉丝分享价值，变得越来越便利。

除了讲课、咨询，有才艺的女性白领可以为网友展示才艺，借助这种方式来积累粉丝，放大自己的影响力。这种方式其实更容易走红，很适合那些有才艺、但没有太多专业知识或背景的草根创业者。很多女性白领借助抖音等平台已经脱颖而出，积累了大量人气，并借助平台的政策支持快速实现变现。

3.复合型创业

女性白领进行社交电商创业，要组建自己的团队。或者是利用自己的技能，为社交电商创业者提供服务。

在微信时代，还可以借助微信平台，用微信营销的方式销售产品或提供服务。比如，我身边有些女大学生，在校期间利用微信平台，销售本校历年各专业的考研资料，一年也能赚十几万元。当然，你的创业项目必须要合法合规。

另外，在社群经济时代，也可以混各类社群做人脉连接者。

混社群时，要在"需要我们的社群"和"我们需要的社群"这两种社群中多活动，同时还可以让这样的社群平台成为你的后盾。你成为这个社群的一员，是这个平台的人脉连接者，会让人认为你背后有人、有资源。

在混圈子时我们要注意，厉害的人都是被别人捧出来的。我们不能接受王婆卖瓜自卖自夸的人，但会接受他人对这个人的看法和见证。

我们有团队、有平台、有很多社群成员，若大家对这个人的看法都很好，一起去做见证，这个人很快会红起来。

　　要知道，再厉害的人，在一个新的环境中，也有很多人不认识。如果有人去推崇塑造他，大家就会认为他很厉害。

　　在社群里去推崇塑造他人的人，就是人脉连接者。

　　做人脉连接者要学会付出，学会分享价值，积累自己的人缘及人气。

　　当然找对一个好的平台也很重要。

|第 8 章|
女性精进案例：
年入百万女性是怎样炼成的

尝试做些什么。只有亲自尝试过，我们才会更勇敢。
现代女性就是这么炼成的。

现代女性艾米粒的崛起：
从被老公看不起到成为优秀企业家

艾米粒从没有一技之长的宝妈，成长为拥有万人团队的女性领导；从没有任何收入来源的家庭主妇，成长为年入千万的事业女性；从毫无自信、毫无魅力的普通女性，成长为自信十足、魅力四射的女性；从被老公看不起的"三围"女人，成长为一名女性企业家。

艾米粒的故事充满了传奇性，但却折射出一个不争的事实：现代女性在崛起！

那么，艾米粒是怎么样从家庭主妇成长为一名年入过千万元的女性的？

1. 艾米粒的幸福生活：故事的开始往往都是幸福的

创业对我（艾米粒）最大的改变是，让我从一个怨妇蜕变成一个对人生怀有满腔热情的独立女性。

而在此之前，与很多家庭主妇的故事类似，我的故事是以一个很俗套的家庭故事开始，但因为我的不甘，又恰逢遇到了移动互联网，这让我有了一个不一样的人生。

我和前夫是在 QQ 上认识的，我们是校友，感觉比较亲近，他在南京我在武汉，2004 年我们恋爱了，我从武汉来到南京。刚在一起时他对我特别好，虽然那时我们都没钱，但是他对我就像对待公主一样。他每个月工资 2000 多元，自己留 300 元，其余都交给我。他每天下班回来做饭，有好吃的都想着我。我要买任何东西，他从来不说贵，只说："你喜欢就买吧。"

后来，我到南京一家公司上班，认识了我第一个项目的合伙人陶老师，成了很好的朋友。陶老师一直努力上进，我却一直混日子，几年时间过后差距就变大了。但彼时我的想法是，有个对我好的老公，不求大富大贵，平平淡淡过日子其实挺好，各人有各人的活法，人生苦短，为什么要活得那么累？我相信很多安于现状的女性跟我当时的想法是一样的。

所以那几年我的生活状态就是上班、睡觉、看电视，生活没有压力也没有目标。某天一旦不高兴就辞职。而彼时的陶老师已经开化妆品公司了，工作很忙碌还抽空学减肥技术，跟实体店合作减肥项目，后来又开班授课。本来我是推荐一个朋友去学，陶老师建议我也去学。我觉得挺好就同意了。我爸从小就教育我，人要有一技之长。我想学个技术也挺好，等有孩子了可能就不想再出来打工，在老家可以开个减肥店。

前夫家很穷，我妈去他家看过一次之后，死活不同意我们的婚事，他家的房子还是 10 年前的两间小平房，下雨天墙壁会变得非常潮湿。但在我的坚持下，我妈拗不过我，只得同意，最后我们还是裸婚了。

2009 年，前夫自己出来单干后月收入近万元，到 11 月我怀孕了，感觉生活越来越美好。

2. 艾米粒的艰难生活开始了：公主变为保姆

前夫生意越来越好，经常很晚回家，让我回老家待产，想想在南京也无聊，我就先回老家了。

到了 2010 年 7 月宝宝预产期，生之前那几天前夫倒是每天陪着我，但生完孩子在医院时每天晚上就不见人。出院回家后更是从下午开始就不见他人，他每天跟朋友打牌、喝酒，说是有了宝宝，朋友喊他去庆祝他不能不去。

他晚上很晚回来，倒头就睡。我在坐月子期间，宝宝都是白天睡觉，晚上不睡觉，大半夜一哭就是 1 小时，怕吵到左右邻居，我就只能不停地抱着宝宝走动。最初两天前夫还起来帮忙，后面就睡着不动了，嘴里还骂骂咧咧："这生的什么小孩子，天天晚上哭！你把她扔垃圾桶去吧！"气得我抱着孩子哭，坐月子期间，我几乎都是在生气、争吵、流眼泪中度过，坐月子的禁忌我全犯了。

孩子满月后，不顾他的反对，我执意带着孩子一起到了南京。离开不到 1 年，住的还是那个房子，可我却从公主变成了保姆，每天做饭带孩子。

角色的转变让我很郁闷，他并不理解我一个人带孩子的累，经常还会指责我："你看你朋友陶，都自己赚钱买车了。我的女同事自己开了个店。你就知道在家玩，什么也不会。"

争吵不断升级，生意不好他就冲我大声骂："你非要带孩子来南京，影响我做生意，你带着孩子一起滚回娘家吧！"当他那个"滚"字说出口的时候，我真的很想带着孩子回娘家。

可是对于家里有四个孩子、哥哥已经结婚的家庭来说，嫁出去的女儿就是泼出去的水，何况是没有收入还带着一个孩子的女儿回家，思想传统的父母肯定接受不了。当初我妈又是极力反对我们，所以这些事情我从来没有跟家里人讲过。有苦水都是自己咽，眼泪也只能自己擦，自己选的婚姻再苦也要撑下去。只能盼望着孩子大一些，送回老家给她奶奶带，我可以上班自己赚钱，也许状况会好一些。

3. 艾米粒网络营销五部曲之论坛篇：
重燃生活的希望

如果我告诉你有一个方法能加到人，但是可能1个月只能加几十个人为好友，成交一两个人，赚一千多元，让你坚持做1个月，需要每天花上4~5个小时，你会去做吗？

我相信会去做的人很少很少。

宝宝七八个月时一直咳嗽，打了很久的针还是不好，我就想着上网查一下有没有什么偏方。无意中看到了南京本地西祠论坛上的一个育儿版块，叫"小猪慢慢长"。

混了一段时间论坛，我注意到在最热门的几个版块置顶的地方都有实体减肥中心的广告，点里面的链接看了下她们的内容，好像也不难，就是发些减肥的内容和顾客的反馈。我就想到了我的好朋友陶老师，前几年她在西祠上找人卖过实体店的卡，说效果还不错。减肥技术我学过，也懂专业，那我能不能也试试，帮她店里拓客，如果有成交，我不就有收入了吗？

抱着一线希望，在没有任何网络营销基础的情况下，我完全靠着百度，用了半个月时间，凭着自己的悟性和执着，一步步学着发帖、顶帖和发反馈，把减肥板建起来。引流方面，我每天花很多时间去研究别的减肥板是怎么操作的。没有人教我，也没有什么好的技巧，更不可能花钱去买置顶广告位，我只能用最笨的方法，去热门论坛不断地评论最热门的贴子，在签名档那里放上我的广告图片和QQ号，期待着有感兴趣的人看到并且找我，每天光做这个工作就是三四个小时，只要孩子睡觉时我都在西祠论坛上泡着。前夫说我天天只知道上网玩，家务也不做了。我并没向他解释我在干什么，担心失败了会让他笑话。

其实到这时我并不知道之前做的所有努力到底有没有用，也许就是无用功，也许一个客人也没有，但是在我当时的处境下，这是我唯一能做的事情，也是我唯一的机会，我不能放弃。

终于在引流了近半个月的时候，有人开始咨询我了，并且有了成交。当我第一次拿到一千多元的提成时，欣喜若狂，钱不多，但是证明了我不是什么都不会的人，我也有能力赚钱。我开心地告诉前夫，然而他很不屑："就你赚的那点钱够干什么？你还是好好带孩子吧，不要一天到晚玩电脑！"可越是这样我就越要做好。

每天我更努力地去跟帖，咨询的人越来越多，有时候宝宝在边上哭，我怕因为回复慢了顾客就流失掉了，只能让她哭一会，忙完了再去哄她。有一次前夫在家时宝宝又哭了，他抱怨吵到他看电视了，让我赶紧哄。刚好有顾客在咨询而且很有意向，我就让他先哄一会，这个客人可能会下单。他还是在那骂骂咧咧，也不去哄孩子，我就懒得理他，还是忙我的。他突然就过来把笔记本电脑抢过去往地上一摔，还踩上一脚。我慌忙捡起电脑，但它已经开不了机了，我骂他："你为什么要把电脑踩坏？"他回答我："这是我花钱买的电脑，我想摔就摔了！"

我心里想着那个有意向的顾客，顾不上跟他吵架，也忘了哭，赶紧跑下楼到对面的网吧开了一台电脑。终于那个顾客预约了时间确定要去店里。我这才找了个没人的地方，哭得稀里哗啦。真是不想再回去了，但是出来时什么也没带，最重要的是还有宝宝怎么办？他的电话一个接一个地打来，电话那边宝宝一直哭，我只能先回去。

在我的努力之下，每个月的顾客越来越多。过年的那个月，我甚至拿过 8000 元提成，已经超过了很多上班族的工资。

4. 艾米粒网络营销五部曲之淘宝篇：机会总是留给有准备的人

我在西祠论坛也开始零售 S 减肥包，考虑到见面交易太麻烦，直接打钱很多人不放心，便弄了个链接放到淘宝店里，方便顾客购买。

过了一段时间，我觉得挺奇怪的，怎么经常有外地的人来买？我只在西祠卖的啊。后来才醒悟，原来淘宝上也是可以卖的，而且流量更大。正好那时微博火起来了，西祠的人越来越少，陶老师又请了西祠拓客的团队。

我就开始把所有精力放在淘宝上，通过百度、淘宝大学学习各种运营方法。前3个月基本上是几天一单，一个月只赚2000元左右。

有了西祠的经历，我相信只要我努力打好基础，一定会有收获。那年刚过完年，初六还在老家，我的"旺旺"就开始有人咨询，每天都有单子接，到了4月，基本上一天能有二三十单，一年算下来纯利润也能有20来万元。

5. 艾米粒网络营销五部曲之微信篇：
傻傻地坚持才会有美好的结果

2013年10月，朋友在微信上买了几个高仿包包。我诧异道："微信也能卖东西？"从来不玩微信的我，开始下载微信研究起来。起初方向不对白忙了2个月，这时帮我做客服的妹妹告诉我，她买东西的一家天猫店老板在开微信营销课，然后给了我他的微信号。此人就是思埠老总老吴。

2014年元旦，我正式加盟思埠，开启了我的移动互联网创业之路，从第一个月卖出两盒面膜，到第二个月收入破万元，第三个月收入达到5万元，再到10万元。9月正式开始和陶老师一起推广我们的升级版S减肥包时，我的月收入已达四五十万元。2015年6月我就实现了月入100万元的梦想，我的销售团队也从我一个人，增加到了2000人。

简单的数字能看出量的飞跃，却看不到这中间的艰辛和困难。2014年对我来说是非常特别的一年，有超出我预想的收获，也有很多意料不到的挫折和伤害，还有生活中很重大的变故——我离婚了。

前夫的生意下滑得很严重。他是做高档烟酒生意的，高档烟酒越来越难销。可能是生意上的失意引起了心理上的落差，他的脾气越来越坏，并没有因为我收入的增加而对我分外尊重，相反几次争吵几乎都到了要离婚的地步。但看在他确实很疼爱孩子的份上，我就想着为了孩子凑合过下去。

2013年年底，我们收拾好行李准备回老家过年，下楼时为了一点小事情我俩又吵起来，结果他自己开车带宝宝回了湖北老家，把我一个人留在了南京。我大年三十哭了一天，这一次真的觉得没有什么可留恋了。

2014 年 4 月 1 日愚人节，我们平静地离了婚，我同意了他所有的要求：车子、房子和孩子都给了他。彼时我感觉生活跟我开了一个大大的玩笑。

6. 艾米粒网络营销五部曲之品牌篇：民族品牌之路

2016—2018 年，移动互联网创业市场良莠不齐，很多品牌急功近利，想捞快钱，不注重产品质量和品牌形象，扰乱了市场秩序，这对那些用心做品牌的企业是极大的伤害。

2016 年年底我和合伙人陶老师之间出现了分歧，不想因我俩的矛盾影响到好不容易建立的品牌和团队，最终我离开了自己一手打造的瘦身项目。

自少女时期我就有一颗炙热的爱美之心，然而年轻的我却因盲目追求美白不慎让肤质受损。我深知滥用护肤品带来的危害，就想创立自己的美妆品牌，帮助所有爱美女性研发安全有效的高科技护肤产品，让她们不再为肌肤问题苦恼不已，重获健康光滑的素颜美肌。

梦想的种子一旦生根，终会发芽。在经过数年的积累、筹备后，我创立了 M 品牌。

但创立品牌后，大环境让我陷入了迷茫，我不知道品牌该何去何从，也不知道该不该坚守自己的理念和价值观。

2018 年，我的老师徐东遥跟我聊品牌文化、体系，聊品牌的可持续性及企业文化的传承："艾米粒，M 品牌有独特性，应该走自己的路。你不要被市场蛊惑了，像很多急功近利的品牌那样，太浮躁，急于捞钱，它们走不远的。它们爱收多少钱，让它们收去。M 品牌拥有无法想象的未来，要把眼光放得长远点，稳打稳扎，走好民族品牌路线。你的气质，你的气场，你的思想，你的理念，以及 M 品牌的特性、调性、使命要求你能静下心来，踏踏实实沉淀、积累，终有一天 M 品牌会厚积薄发！"

东遥老师的话开阔了我的眼界，提升了我的格局，坚定了我专注发展品牌的决心，从迷茫中走了出来。

此外，我越发清楚地知道自己真正想要的是什么：我不仅要让 M 品牌成为轻奢科技护肤品的龙头品牌，还要让它走出国门，成为民族的骄傲。让更多女性跟着我们实现自己的梦想，改变自己的人生。

我以前做品牌，只是出于自己的初心，着眼点比较小，也从来没想过让品牌文化传播和传承下去。东遥老师让 M 品牌的品牌文化更丰满、更有厚度，也更能传播和传承。遇到东遥老师是我的幸运。他对我的提点让我印象最深的是：小隐隐于野，大隐隐于市。所谓"小隐隐于野"，是说你受周围环境的影响很大，如果环境不好，你可能就无法修行了，那不是真正的有大修为者。"大隐隐于市"对修为要求更高，就像 M 品牌，即使市场环境比较浮躁、不规范，但我们依然能出淤泥而不染，特立独行。M 品牌是先道后术。

我让自己先静下来，放下过往的一切，不急于求成，不盲目求快，坚持自己做产品的初心，在产品的品质、效果、体验感、包装以及视觉等每一个细节上都精益求精，在团队管理上稳打稳扎，全面培训、扶持、考核每一位经销商，在客户服务上做到售后比售前更细致更专业。

沉淀几个月后我们就博得了很多老顾客的认可，由此带来了大量复购和转介绍。我相信不管在什么样的市场环境下，能让客户满意，让经销商成长的品牌才是最健康、最稳固、最长久的。

功夫不负有心人，而今，M 品牌已走出国门，在纽约时代广场上有了自己的宣传栏。看到广场上如梭的人流为 M 品牌驻足，我的心情久久不能平复。这是我们品牌建设的一大步，也是中国国货崛起的一小步。品牌建设之路漫漫，我们会踏踏实实走好每一步，为中国品牌走出国门、在国际上拥有影响力而努力奋斗！我坚信，中国必然出现能比肩国际大品牌的民族品牌！

目前，M 品牌在国内已有上百家体验店，线上线下融合是 M 品牌未来的重要战略。

7. 艾米粒网络营销五部曲之新零售篇：
线上 + 线下，让女性创业基业长青

马云在"2017 中国 IT 领袖峰会"上提到："未来 10 年内，新零售、新制造、新金融、新技术和新能源等五个行业的变革将加速。"有关新零售，马云认为，五年内线上零售会很好，十年以后纯线上、线下零售会很难。所以新零售实际上就是将线上、线下的资源进行整合。

做企业，不要只想着卖东西，还要学会服务好客户。比如美国做得不错的传统零售企业，绝大部分都是在服务客户方面做得很出色，而不是单纯只考虑零售。所以中国企业要尽快完成从"卖东西"到"服务客户"的转型。

事实上，线上和线下之间并没有不可调和的矛盾，两者的本质都是围绕客户流量的竞争，在一定意义上其实是互为补充。无论是线上还是线下，都围绕着一个核心，那就是客户体验。只有提升客户体验的质量，品牌才能吸引更多客户，也才能留住更多客户，让他们成为忠实的客户。

正是基于这样的大环境，2018—2020 年，我和团队伙伴准备开一定数量的实体店，用线上的资源去做线下的运营，将线上和线下进行融合（单纯走线下难度大）。

线上有线上的优势，但也存在一定的劣势，比如代理商对品牌信任度较差，黏性不够；而线下则可以弥补这方面的不足。此外，为了能拥有稳定的代理商，本地化也是 M 品牌近年来发展的重点。

8. 艾米粒开始新的生活：
相信未来一定会越来越好

艰难的生活只能用坚强打倒它。就在 2015 年 4 月底，离婚后一年，我终于靠自己的能力在南京买了一套学区房，5 月与前夫办了抚养权变更手续，把我和宝宝的户口都迁过来了，有了真正属于我和宝宝的家。等房子装修好，我就可以跟女儿永远生活在一起，我相信未来一定会越来越好。

这些年我所有的努力都是为了曾经他说过的那句话："带着孩子滚回你的娘家去！"可是娘家我已经回不去，我得为我和孩子拼一个家，没有人可以再让我滚，我的女儿长大后也不要再受任何人的欺负，并且我可以骄傲地告诉她："妈妈的家就是你的家。"

写下这篇故事，不是为了去批判某个人，现在的我早已不再介怀，相反还要感谢他，在我 30 岁时让我能够及时醒悟：靠任何人不如靠自己。我还年轻，还好我遇到了移动互联网，一切都刚刚好。

后来我也反省过，两个人的亲密关系出现问题肯定都有原因，不能把责任怪到一个人头上。如果当初我不是那么不上进，不是那么的软弱，他又怎么敢用那样的语言来伤害我？即便我的收入高了，坏的习惯已经形成，再也回不去了。夫妻也好，朋友也罢，差距大了，距离就会拉远，想追也追不上。这个世上其实除了你自己，谁都不能依靠一辈子。

也希望我的故事能给那些正处于迷茫、困难中的女性一些温暖和力量。不管你的经历多么不幸，只要愿意去努力、去拼搏，都可以像我一样改变自己的命运。

宝妈艾米粒从容优雅的形象

能有现在的生活，能得到这么多，每天我都很感恩。感谢这一路上所有帮助过、支持过我的人，我会一直为你们祝福。

9. 艾米粒感悟:
拥有赚钱的能力远比赚多少钱更重要

我的经历告诉我,现在赚多少钱并不重要,拥有赚钱的能力、可以持续地赚到钱才是最重要的。网络上流行一句话:"站在风口上,猪都会飞。"但是很多人都没有去考虑风过去了怎么办?猪是会摔死的。

微信上现在有很多爆款,持续火爆1个月、2个月。很多人跟风去炒作爆款,都想趁着这个风口大捞一笔,不愿意静下心来好好学习,好好去做一款长线产品。可是你有没有想过,现在1个月给你赚10万元,但是你并不具备赚10万元的能力,那么1年后你可能会连1分钱都赚不到了,你觉得这10万元,你能花多久?

如果某天朋友圈不让发广告了,那时候你怎么办?你具备抓住下一个风口的能力吗?

我一直强调让代理们做好售后服务、学好营销知识的原因就在于此,人脉不断积累,能力不断提升后,不管以后微信还能不能做,开实体店也好,换一个网络平台也罢,你的事业还是可以经营下去,而不用担心一夜之间一无所有。我就是很好的例子:从实体到论坛,再到淘宝、微信,历经5年,平台换了4个,我的收入却在翻倍上涨,只要人类有美丽的需求,我就能很好地生存下去。21世纪学习力等于生存能力。

之前我的梦想已经都实现了,以后的日子我还是会一直努力下去,我要去帮助那些面临困境、要改变现状、愿意努力去拼搏的人赚到钱,并且是拥有永远赚钱的能力。我的目标就是打造一个低门槛、收益快、无后顾之忧以及能持续赢利的创业平台。

每次看到我的团队伙伴买房买车,比我自己买房买车还要开心。

我一直信奉一句话:敢想,敢做,目标就一定会实现!

愈近山巅,愈觉责任重大。

我不可能放弃,因为有那么多团队伙伴跟着我,我怎么能退缩?我要让跟随我的每个人都能实现梦想！

最后送给女性朋友一首诗，这是我自己写的，很契合我的经历。

我常忘了自己是女性。

这样一来，

我就不会老想依赖男性。

男性是风，

只能借，不能靠。

女性借着风，

像男性一样去奋斗。

我常忘了自己是女性。

这样一来，

我就不会太过柔弱。

女性，

也要对自己狠一点。

优秀的人，

大多是雌雄同体。

女性的细心、敏感，

加上男性的胆魄，

可以化武断为果断；

同男性一样，

运筹帷幄，

开疆拓土，

甚至超越男性。

现代女性，崛起！

"我不想让我姐失望！"
从普通宝妈到万人团队领袖

宝妈兔子的形象照

兔子简介

社交电商培训6+1系统开创人，科技护肤领军人，S减肥包类目第一董事，10万人团队的缔造者，社交电商界最落地的营销导师，致力于帮助有梦想的人实现移动互联网创业。

为了亲情突破自我、创造奇迹；为了亲情放弃所有浮华名利；为了亲情一直不离不弃；为了亲情，她从一名普通的宝妈，不断成长、不断突破，成为一名万人团队领袖。

她就是艾米粒的妹妹兔子。

初到南京时，面对高楼林立的六朝古都，兔子还有点不适应。在她镇静下来之后，她告诉自己："既来之则安之。有姐姐艾米粒在，一切都会好的！"

2014年9月兔子离开湖北老家来到南京。在此之前兔子几乎没有离开过老家县城，也没有外出打工的经历。

2011年艾米粒开始创业，想让妹妹兔子来南京和她一起打拼。一开始兔子是拒绝的：家乡的小日子虽不富足，却很安逸、舒适，背井离乡的创业意味着未知的风险。

但思前想后，兔子还是决定放下刚断奶、不到一周岁的孩子，和丈夫来到南京。从那时开始陪着艾米粒一起从迷茫走向希望，从落寞走向繁华，从弱小走向强大。

是什么让兔子放下未满周岁的孩子外出创业？

"除了想帮我姐，还有就是那种极度渴望改变现状的念头：我希望去超市不用只挑打折商品，买衣服不用在淘宝货比三家。毫不掩饰地讲，就是为了赚钱。我不想用低配来麻痹自己。"

刚来南京不久，兔子的姐姐艾米粒就办了S减肥包的第一次经销商会议，当时她不仅是个移动互联网创业小白，还是一个没有学历背景、胆子很小、很害羞的女孩。当兔子看到姐姐变得好强大，一群在她眼里又漂亮又能干的人都喊她老大时，她心里便暗想着："什么时候我也可以成为姐姐的样子？"

但刚开始她只是想一想而已。刚来南京，无论艾米粒怎么跟她说，兔子就是不肯开口给团队做培训，总认为自己不擅长这些。

"我来南京就是为了照顾好我姐的生活，处理好琐事，让她有更多时间精力去工作。"

艾米粒的强项是做营销，整体的销售业绩一直不错，只是团队成员的销售水平不均衡，导致业绩突出一些的代理有点恃宠而骄，再加上公司的组织架构跟不上团队发展的速度，而彼时艾米粒的管理能力还不够。这些因素叠加在一起，引发了团队一连串的大变故：艾米粒的合伙人釜底抽薪，带走了三分之二的团队伙伴做了同类产品，成为她有力的竞争对手。

接二连三的变故，让艾米粒疲于应付。白天处理各种问题想销售方案，晚上讲课私聊、调动团队积极性，深夜看资料、学习思考，提升自己的能力。那一段初创最艰难的时期，每天艾米粒都吃不下、睡不着，头顶中间居然生出了许多白发。这一切兔子都看在眼里，放在了心里。

从兔子来南京之后，艾米粒就没做过一次饭、洗过一个碗，哪怕兔子后来变得忙碌，每天指导代理写课件到深夜两三点的阶段，也没有让艾米粒动过手。艾米粒知道兔子是心疼她，舍不得让她累。

"那段时间我看到我姐几乎不吃不睡，所有的压力都在她身上，我知道创业不易，女性创业更难。我很想帮我姐分忧。"

2015年，经过努力学习和积累，兔子对移动互联网创业开始逐渐找到了感觉和信心。彼时团队里出现了一个义乌的代理，3个月收入20万元，这刺激了兔子，并点燃了她的希望之火。

"如果我也可以月入7万元，那我就能在南京买房了，老家的亲戚、公婆、父母估计会震惊的。这个代理能做到，我也可以。"

人都是这样，看到身边与自己类似或不如自己的人都能成功，她便会生发出无穷自信。

兔子原来不敢开口讲课，但她决定逼自己一把。为了把团队做好，她开始尝试自己做课件，反复练习讲课。同时每天跟进合作伙伴，她们白天有空，她就白天陪她们聊；有些伙伴凌晨才有时间，她就不睡觉等到凌晨跟她们聊。

"因为我知道，这个机会对于我们草根一族有多难得！"

艾米粒一直认为妹妹在很短时间里，从一个"不思进取"的小白，成为一个在创建团队、管理团队方面丝毫不逊于自己的女性创业者，如此巨大的改变，是因为被团队整体的激情氛围所触动。

很久之后，艾米粒才得知，兔子如此努力，其实是不想给姐姐丢脸，不想让别人说她是靠她姐才能招募到合作伙伴。

"我要用自己的实力成为团队里最厉害的那个人，这样别人就不会再说闲话，也没有人再敢恃宠而骄。不管谁离开，还有我帮我姐撑着，这样她就可以少操一些心。"

事实上，艾米粒从没因为兔子是她妹妹，就特别地帮过她。因为艾米粒自己就是从一个移动互联网创业小白走过来的，深知如果兔子自己不努力，不愿拼，团队带不起来，她帮她也起不到太大作用。

因为兔子是艾米粒妹妹，艾米粒公开表扬她的次数屈指可数，反而对她会比别人更严厉一些：兔子的团队出现问题，也总是被处罚得更重一些。有段时间温州市场乱价严重，合作伙伴群怨声四起，经过彻查，发现两次出事都是兔子团队伙伴的问题。

艾米粒就让兔子找到出事团队的总代下最后通牒：如果再出现乱价，说明她管理不好这个市场，她就不要做总代了。这次罚款也从 2000 元提到了 5000 元。因为这件事，这个总代记恨了兔子很久，好在当她承担了更大的责任的时候，就完全理解了兔子当初的做法，也因此她们成为交心的朋友。

兔子的状态和快速改变也在感染她的合作伙伴，她们慢慢开始认可她，到后来转为崇拜她。她的团队也在这一年快速地发展和裂变，团队伙伴的收入也从几百元、几千元涨到了几万元。到 2016 年，大家的收入都在不断提升，最高的月收入达到了 15 万元。

正是在兔子的不懈努力和坚持下，她靠自己的实力把团队做大做强。她一直在帮大家、帮整个公司。后期很多落单的或者跟不上团队课程的合作伙伴，艾米粒都会安排她们到兔子的事业部学习、听课，兔子也都尽心尽力、知无不言。

兔子常说的一句话就是，帮他们、帮公司，就是帮她姐。她姐好了，她就开心。然而，艾米粒不知道的是，她对兔子的很多帮助其实是隐性的和间接的。

兔子说："艾米粒对我的影响其实很大，她做事待人的态度、处理问题的方式、调和矛盾的能力、激励团队的热情以及对待工作的投入，所有这些，在潜移默化中影响着我、改变着我。而这些其实是对我最大的帮助，也是无价的财富。"

基于良好的心态、不懈的拼搏，整个 2016 年，兔子的团队业绩一直是全公司业绩最高的。不管是团队人数的增长，还是业绩的增长，兔子的团队都是第一。

这一切让本来对兔子非常严厉的艾米粒为妹妹感到骄傲。

但是这一年也是好事多磨。年初兔子团队的一个做美容连锁的伙伴自立门户，自创了一个品牌，公司一名台州的代理也去弄了一个品牌，然后开始互相拉人。没多久兔子团队中出货量最大的一个团队也被拉走了，这件事对她打击很大。而彼时兔子正逢第一次举办年会，原计划参会 500 人，一下少了 100 人。此情此景，可想而知。

但兔子知道伤心抱怨也没用，只能更努力地做好自己。

2016 年 5 月 14 日，团队年会"艾米粒璀璨之夜"还是如期举行。

当然，从这次团队问题中，兔子也受益良多。最大的收获是她的心态得到了很好的修炼。

"我开始明白，对于离开的人、对于不好的事情不要总是纠结害怕，要去接纳它——这就是成长的过程。人最强大的时候不是赢的时刻，是你不再害怕失去，也不再害怕面对失去的时候，是哪怕只有一线希望也要去拼一把的时候！"

此次事件之后，团队开始进入"开挂"模式，裂变速度越来越快，2017 年开始进入爆发期，兔子的团队突破了 10 万人。

2017 年 10 月，兔子和姐姐艾米粒起盘了高科技护肤品项目——M 品牌，一年时间又组建了 8 万人团队。

"很多人认为 S 减肥包是一次大成功，但我认为那只是个开始，真正的压轴大戏在 M 品牌！这将又是一次全新的挑战！"

爱默生说："一个没有热情的人是不会成功的，几千年来伟大的人类历史也证明了任何一项伟大的事情都是如此。"

不管一个人从事何种职业——艺术家、管理者，还是销售人员，对工作充满热情，是所有渴望成功的人必备的条件之一。

兔子就是一个对生活、对亲情、对事业、对团队充满热情的女性。热情是造就她的重要元素。

她的月收入是你的年薪：
小护士的移动互联网创业

朱珠简介

80后美女创业者，曾是一名三甲医院手术室护士。工作八年，在艾米粒的引领下成为合格的团队长，现已辞去医院工作，全职做移动互联网创业，同时也是M品牌高级合伙人。

借助移动互联网，小护士朱珠轻创业的月收入从最开始的几百元，在短短半年时间内，达到了十几万元，甚至一度高达几十万元。而她的团队伙伴也达到千人以上。

"这对我来说，真的太神奇了！我从来没做过生意，也不懂得经商之道，甚至跟人相处都磨合得不够。就是因为我跟对了人，选对了项目，就真的成功了！"

美女小护士朱珠形象照

此外，朱珠还带出了10位月收入过10万元的合作伙伴，以及几百位月入过万元的合作伙伴。

在此之前，微信名为"小猪跳跳"的女孩朱珠只是一名比较内向的普通女性，现实生活中接触的朋友很少，但是她的内心其实一直渴望成功、

渴望受重视。通过移动互联网创业这一轻创业方式，朱珠发现自己竟然可以不接触真人、只通过微信这样的移动互联网社交工具，便可以直接表达自己、让她人喜欢自己，这让朱珠感到既意外又惊喜。

她很快便热爱上了移动互联网创业。她努力经营着自己的微信朋友圈，让更多微友认识她、喜欢她。在她的努力之下，这个内向的女孩，在微信朋友圈里的好友越来越多，也被越来越多的人喜欢上了。她的业绩因此也在不断倍增。

手术室的小护士，有着正式的编制，这是朱珠在移动互联网创业之前的职业。2014年年底，她接触到了网络营销，但是彼时因为不懂和不信任，她对此根本不屑一顾。直到有一天，她发现科里有好几位同事开始在网上卖东西，她看着觉得挺心动，也学着在网上做起了生意。然而，互联网创业并非一帆风顺，期间，朱珠遇到过卖假货给她的骗子。吃一堑长一智，此后，朱珠在选择产品时很谨慎。

"不能卖假货给身边人。"这是她坚守的原则。

遇到另外一位做内衣生意的同事，是朱珠移动互联网创业的转折点。她跟着同事开始了移动互联网创业。

"那时真的没人带没人教，全是自己摸索。"每每回忆起创业之路，朱珠心情便变得复杂起来。回忆仿佛刀尖上的舞蹈，凄美却又辛酸。

尽管医院的工作很忙碌，但是想着自己忙一点就能多挣点，朱珠便有了坚持下去的无穷动力。一个人见了世面、开了眼界后，方能意识到她原来的种种不足。朱珠也是如此。当她接触到了米大（艾米粒），加入她的团队后，她突然发现和艾米粒的团队相比，她之前的移动互联网创业只是在小打小闹。而正规营销、规范运营、体系化的培训正是她急需的，这一切艾米粒的团队都能为她提供。

当朱珠辞去工作了8年、有着正式编制的护士工作时，很多人说她傻，但她自己知道她真正想要的是什么，也知道自己在做什么。

在移动互联网创业路上经历了种种酸甜苦辣之后，她开始认识到：成长比成功重要，提升的能力可以伴随你一辈子。

对朱珠而言，能不断成长，成为自己想成为的人，经历再多的挫折和磨难都不算什么。

"我义无反顾！所以，我会继续跟着我的贵人们，在移动互联网创业的道路上，不断摸索不断前进。我会继续跟随米大、跟随公司，打造中国人自己的高科技护肤品牌。"

对朱珠而言，一切的重新选择都是机会。而不断成长则是她把握机会的最好武器。

让大城市有一盏为自己打开的灯

泰州妹子王怡然形象照

王怡然简介

中共党员，80 后，大学毕业后开始创业，目前已经开了六家连锁减肥店。2016 年接触到米大（艾米粒），看懂新零售后，2017 年全职做社交新零售。现为高科技护肤实体体验店领军者、5000 人团队"美丽行"团队创始人。

尽管出身贫穷，但王怡然还是因为算命先生的一句"你以后会在大城市发展，你也会有车有房"，便播下了希望的种子。

王怡然来自美丽的鱼米之乡泰州。2006 年，她离开家乡去南京上大学，面对高楼林立的城市，她充满了期待和梦想。她只想通过努力，让这个城市有一盏为自己打开的灯。

大一那年王怡然便开始了她的创业之路，她在校园里卖过锁、电话卡、各种南京特产，也组织过同学一起出去做兼职。

毕业以后王怡然没有选择专业对口的工作，而是瞒着家人偷偷学了美容做了一名美导，经过大半年的打拼，加上大学期间存下的积蓄，她在2010年春节过后开了一家化妆品店。经过几年的积累王怡然在南京买了一套80平方米的住宅，那是她在南京这座六朝古都的第一套房子。自此她在南京扎下了根。

2014年，由于产后肥胖，机缘巧合下王怡然接触到了中药热敷减肥法，瘦身成功后她开始把自己的目标锁定在减肥市场。由于当时市场需求量比较大，她趁机扩大事业板块，以最快的速度拿下了实体品牌的南京总代理，并连着开了6家减肥连锁店。

在外人看来，她是事业如日中天的女老板，甚是风光。然而这只是表象。王怡然其实有本难念的经。她管理着6家店面，每天早上6点出门，晚上9点才到家，也没有什么周末而可言。辛苦倒也罢了，关键是生意看似很好，但赚到的钱她都投到连锁店的运营中去了。

对王怡然来说，收获还是有的，到了2016年上半年，她换了一套更大的房子，还买了一辆奔驰。但其实这一切都是她用多年心血换来的。

2016年夏天，因为背部扭伤，王怡然在家卧床休息了几个月。正是在这段时间，她接触并详细了解了S减肥包这个移动互联网创业项目。从看不上、看不懂到拿货体验，从开始零售到发展合作伙伴，王怡然竟然就此开启了自己的第一个移动互联网创业项目。随着收入的倍增，王怡然开始看懂移动互联网创业和实体创业的区别，也看出了前者的巨大优势。这个时候她做出了一个重大决定，将已有的实体店一家一家转出去，留着离家最近的一家店专门进行移动互联网创业。

因为S减肥包，王怡然结缘了米大（艾米粒）、兔董、天黑黑老大和她的合作伙伴，出于向上信任、向下责任，在米大推出高科技护肤项目的第一时间，她选择加入了这样一个积极、上进、充满爱的团队，并且迅速开了全国第一家实体体验店。

事实证明，王怡然的选择是对的。跟随米大移动互联网创业两年多，她组建了5000人的团队，又买了3套房产、1辆保时捷，还带着50多名代理实现了买房买车的梦想。

2018 年，有很多化妆品公司老总、房地产精英等高职高知人群加入了王怡然的团队，她的责任感又增加了许多。

"我相信 2019 年我一定会给自己和我的合作伙伴们一个满意的答案，让更多的合作伙伴实现自我价值。"

王怡然很感谢她移动互联网创业道路上的恩人——米大、兔董、天黑黑老大和她的合作伙伴们。

"也希望更多和我一样的实体店主，能看懂互联网的趋势，在新零售这个平台上遇见更优秀的自己！"

"放手去干，人生别留遗憾！"
国企精英的移动互联网创业之路

庞笑简介

80 后，曾在某国企负责市场开发和运营 12 年。2016 年 11 月偶然接触移动互联网创业，2018 年 3 月辞职，开始全职移动互联网创业，现为 M 品牌最高级别合伙人，X.TEAM 轻创业联盟发起人。

2018 年 3 月，庞笑毅然辞去了稳定的国企工作，追随米大（艾米粒）开始了全职移动互联网创业。

国企精英庞笑形象照

庞笑的个人创业生涯可以说是很早就开始了，2006 年的时候她开了一家淘宝小店，卖过饰品、内衣、护肤品、书籍和碟片……谈及互联网创业之路，她说，"这跟我个人的性格有关，我不善交际，喜欢宅在家里，同时也不喜欢做没有意义的事儿，于是就开了网店打发闲暇时间"。通过这些"小打小闹"，庞笑积累了一些资源和人脉，也锻炼了她网上的交际能力。

在互联网创业之前，庞笑就职于一家外贸国企，做了12年的市场销售，一直担任公司北非市场的负责人。因为本职工作特别忙，她中间有好几年没做淘宝店，一心就扑在事业上，两年时间把负责的市场业绩做到了公司第一，且又保持了3年。

然而，在她忙于事业的这5年，淘宝发生了翻天覆地的变化，她突然发现跟她同期创业的卖家都发展成了超级店铺了，出了好多百万富翁甚至千万富翁。

"可是我那时候也不明白什么淘宝红利期，也觉得这些和我无关。"

第二次创业是在2011年，彼时庞笑因为备孕，就把淘宝店重新开了起来，主要卖童装。她开微博分享自己的生活、介绍自己的小店，由此积累了很多宝妈粉丝。

2013年，在一位妈妈的建议下，庞笑申请了微信号，开始在微信朋友圈分享童装和一些外贸成衣。

"我小打小闹、单打独斗，稀里糊涂之下竟然抓住了微信的红利。"

借助微信红利期，在2013—2016年4年时间里，庞笑的收入轻松就超过了她年薪40万元的本职工作。

有人的地方就有是非。庞笑在外贸国企过得并不舒心。而移动互联网创业取得的成绩大大缓解了她在本职工作中遇到的不顺和沮丧心情。

"我这个人喜欢凭本事吃饭。如果在当下的事业中不能获得我想要的，我就会去发展别的事业。"

但打算离开时，庞笑心中其实还是充满了种种不舍，因为她一直把公司当自己家，为这个"家"她付出了太多心血和努力而不计回报。

2016年8月底，在偶然的机会下庞笑接触到了S减肥包这个移动互联网创业项目。刚开始她只是想体验下产品，看它是否对减肥有效。

"用了 1 个月，在没有非常配合的情况下，我的体型竟发生了明显的变化。"

这让她感到既兴奋又神奇。但是彼时庞笑并没有想过去经营这个生意，因为她在微信朋友圈卖的产品是衣服，其客户群体和 S 减肥包的差异非常大。

但是客户群里说的高收入又让庞笑很好奇，因为这两年虽然她在移动互联网创业的收入很好，但是无法再实现突破。

首先，这样的生意于她来说并不稳定，她只要少发一天朋友圈，收入就会减少；其次，越来越多的人开始从事这一行业，加入门槛很低，市场不规范，低价竞争激烈。而庞笑一直喜欢销售精品和高附加值的产品。在无法改变这个现状的时候，她选择了学习。

抱着学艺的心态庞笑开始学习移动互联网营销和发展团队。积累了一定经验之后，她逐渐明白了移动互联网创业商业模式的神奇之处。

"团队裂变才是真正的核心。"

创立团队一年时间，庞笑感觉自己无论从外表还是内心都受到了洗礼。跳出国企的平台，她看到了有别于传统行业的非常先进的营销方法，她感叹自己不再是井底之蛙，开始变得更加开放和活跃。

她觉得自己成了比以前更有价值的人。以前她只在外贸国企工作期间带出了一位助理，而通过移动互联网创业，庞笑培养了近 300 位事业伙伴，帮助了近百位成员实现了人生质的飞跃。

庞笑终于认识到自己要走什么路，也不再纠结于过去的遗憾，她现在更多的是感恩公司的栽培。

2018 年春节后，庞笑正式向原公司递交辞呈，将过往的经历和成绩归零，开始全力以赴进行移动互联网创业。

人生的第三个本命年，庞笑用实际行动对自己说："放手去干，人生别留遗憾，自己想要的自己去争取，成就自己，和追随者一起活出不一样的人生。"

2018 年她认识了更多优秀的同频者，她发现创业路上她其实并不孤单。目前，她个人的团队体系在不断完善。

"M 品牌在米大的带领下和我们所有合伙人的共同努力下，品牌的口碑和影响力在不断壮大。"谈及 M 品牌，庞笑脸上油然生出一股自豪。

"岁月抚平我们的棱角，而我们又用这份沉稳的热情去浇灌和见证一个国产品牌的成长，2019 我们携手同行，期待更多的相遇、更美的相知。"

从井底之蛙，
到半年时间创立万人团队

王蕾简介

本科毕业曾想着仗剑天涯，却归于尘世，成了父母眼中的乖乖女。做了 12 年高中英语老师，结婚生子，按部就班。2015 年来到加拿大，开启移动互联网创业之路。从 2100 元创业，到成为今天的 M 公司 007 事业部董事。在万里之外，相隔 13 小时的时差，她用 1 部手机就可以操控万人团队。

万人团队领袖王蕾

2012 年，王蕾用"自己只是去加拿大旅游"的姿态参加移民面试。现场很多人西装革履，而她和老公则是穿着运动鞋、背着双肩包，一副"赶快面试，然后我好赶紧玩得痛快"的态度。面试竟然轻松通过了。

然而接下来又出了一个现实难题：移民与否是个大问题。王蕾是家里的独生女，一直和爸妈生活在一起。丈夫则是家里的独子，公婆视若珍宝。可想而知，双方父母其实更期待着他们夫妻审核不通过、留在中国守着他们。面对此情此景，王蕾和丈夫该何去何从？

2003 年大学毕业后，王蕾只身一人来到大连，成为一名高中英语老师，一做就是 13 年。期间耳濡目染的都是家人的安稳和舒适，她的青春、斗志日渐消磨殆尽。

2006 年结婚，2009 年生完老大，王蕾开始规划未来，此时逃离舒适区似乎成了她的必然选择。

2012 年，移民面试顺利通关，夫妻两人经历过一番内心的挣扎后，还是于 2015 年踏上了万里征程。到达目的地之前，王蕾夫妻做好了各种心理准备，降低自己的预期，但又难掩期待，内心交织着种种复杂的情绪。但当他们到了加拿大这片陌生土地后，一瞬间便回归到了现实。之前三十多年的优越感瞬间土崩瓦解。王蕾意识到自己和丈夫努力了十几年积累的人脉圈都成了过去时，在陌生的国度一切得从头开始。

王蕾和丈夫开始努力地适应、融入，用很多理由说服自己慢慢来，但是生活的紧迫感和周遭的声音让王蕾喘不过气来。来到加拿大的第三个月，彼时王蕾已怀上老二 4 个月了，丈夫说自己要去做"累脖工"，就是做类似于餐馆打工、超市收银、理货搬运一类的工作。

思前想后，王蕾拒绝了丈夫的提议，她心想，丈夫那么骄傲的人，从国际名校毕业，哪能做这样的工作？

此时王蕾也一直在关注好友兔子（艾米粒的妹妹）的朋友圈，她发现 S 减肥包（一个移动互联网创业项目）卖得很好，帮助很多人走出了困境。于是她在 2015 年的最后几天也选择加入了艾米粒的团队。

"这个决定改变了我的人生轨迹。"在跟随艾米粒、兔董做 S 减肥包的两年里，她学到了人生中之前三十几年都不曾接触到的理念和方法。

"贵人就是能帮我成长、让我不断完善的人。我从之前的井底之蛙，成为一个处事能进退自如的女性。"现在的王蕾既可以低头为每一个顾客做服务，也可以昂首统领几千人的大团队。

"销售之美在于挑战，品牌之美在于创始人的理念。"

2018 年，在艾米粒重新起盘高科技护肤品这一轻创业项目时，王蕾便毫不犹豫地加入了。

"眼光便是投资一个靠谱的人，带领信任自己的人活出更有高度的人生。"在短短半年时间内，王蕾组建了万人团队，迅速成为公司的董事。她用一部手机创造了很多人感觉遥不可及的精彩人生。

有了手机和移动互联网，即使万里之外，王蕾依然可以指点江山，带领团队攻城略地。而在新零售模式下，她可以取得更为骄人的战绩。

"有企业的核心竞争力——创始人米大、'新零售团队教父'兔子，有 007 事业部的精兵强将，有必胜的信念，有高科技作为产品支撑，2019，我们将高歌猛进！"

对王蕾而言，未来可期，也非常值得期待。

双胞胎妈妈的传奇：
没有收入的宝妈，买了四辆车、三套房

甜蜜简介

80 后双胞胎妈妈，曾因不甘心平庸踏入移动互联网创业，五年资深微营销导师，被 M 品牌创业平台授予"超强引流导师"荣誉称号。她在 M 品牌的事业收获丰盛，让团队人数和团队业绩都 10 倍增长，单日销售额连续多次突破 6 位数。

"自爱，沉稳，而后爱人。"

作为一对双胞胎的妈妈，甜蜜很喜欢亦舒的这句话。

双胞胎妈妈甜蜜形象照

在移动互联网创业的路上，每一次失败、挫折、打击，都练就了她现在的成熟与稳重，成长与突破。

"我不漂亮，我的漂亮是我的性格、我的善良、我的自信、我的坚定以及我的勇敢！"

能接触到移动互联网创业，甜蜜其实还要感谢一位朋友，因为她在微信上卖奢侈品牌的包包。某一天甜蜜看见她的朋友圈发布了很多款包包的靓图，她就在微信上问她价格，问她哪来那么好的货源。

"对方说了价格，并说代理这些产品不用囤货，我想要买的话就给她微信转账，然后厂家直接寄货给我。"

因为彼时甜蜜对微信卖货并不了解，所以也没敢多问，但她对"不用囤货"却产生了兴趣。当时甜蜜的女儿刚出生不久，她是全职宝妈，没有工作，没有奶水，而奶粉和尿不湿一个月要 3000 元。幸运的是，她养孩子的钱由婆婆和妈妈出，但甜蜜却觉得自己用钱不方便，老是捉襟见肘。她是狮子座，要强好胜，伸手要钱的生活让她快抑郁了。

后来，甜蜜去玩"辣妈帮"，因为里面可以交朋友。期间她认识了一个女孩，也是她后来的第一位合作伙伴。该女孩彼时在卖泰国货，甜蜜跟着她学习移动互联网创业。甜蜜代理的第一款产品是爆水神器，进货价 480 元，她卖 500 元，赚 20 元差价。2014 年 3 月，甜蜜开启了她的移动互联网创业之路。

刚开始甜蜜什么都不懂，她害怕女孩不带她，所以什么都听女孩的，按照女孩说的在朋友圈发图，有顾客问了才找她要货。女孩给甜蜜的代理价本来就很高，然而问的人多，买的人少。但饶是如此，甜蜜依然还在坚持，因为她没有别的货源。

摸爬滚打了一年多后，甜蜜开始卖减肥药。2015 年减肥产品在微信中卖得很火，她抓住了机会，一头扎了进去，挖到了一大桶金。可是，减肥药的安全系数很小，经常会出现顾客头晕、恶心的事。

作为双胞胎的母亲，为了她的孩子，甜蜜意识到自己必须要想清楚了，是一直这样下去还是去赚钱？如果想赚钱，她不能再这么走下去。她开始重新陷入了思考。

"我深知自己还不够优秀，我知道自己的缺陷和不完美。但我有我的理想和抱负，我要努力去实现！"甜蜜自信自己可以弥补这些，她也知道她想要达到的目标还远远不够。她希望自己是贤妻良母、以孝为先的女子，她更希望可以给女儿创造更好的条件。

"所以我需要完善自己，才能真正实现上述的一切！我要重新定好计划和安排！"

此时甜蜜遇见了艾米粒的移动互联网创业项目。

"选择一个好的合作伙伴，你肯定先要看她的人品。我是一个特别相信缘分的人，这一生中遇到什么人，会带给你什么，会改变你什么，我相信都是命中注定的。"

甜蜜是一个敢说敢做的人，当她决定要加入艾米粒的项目时，她放弃了所有以前的货源，等于一切归零了，需要重新开始。这需要很大的魄力。

"在米大的协助下，我的成长很快。我以前根本不懂如何发朋友圈，以前的朋友圈就是杂货铺，很多客户压根看不懂我到底在卖什么。而且说实话，一天到晚刷屏其实很累，关键是没多大效果。"

现在有个专业导师陪伴着她，帮助她飞速成长。她明白了一个道理：能力远比赚钱本身更重要，必须全力以赴，贵在坚持。

从移动互联网创业学员到公司的核心层，从一个人单打独斗到建立起自己的团队，短短几年时间，甜蜜付出了数不尽的努力和汗水，而这些也只有她自己才能体会，正所谓冷暖自知。但是她的收获也是实实在在的。这几年甜蜜买了4辆车、3套房子。

"我买我喜欢的东西，给孩子最好的生活。"

从无团队到现在创立了精英战队，甜蜜相信，只要一心一意地去做一件事，只要每次把错误改正，只要把自己的方向记在心里，只要不断地去尝试、去突破，就一定会有收获、会成长。

"所以一定要给自己信心。不管做什么，都不可能有天上掉馅饼的美事，收获和付出一定是成正比的。"甜蜜在努力的路上一直没有停歇，努力去让自己变得更好，努力对每一个跟随自己的小伙伴负责、对团队负责。

也有人问甜蜜："为什么要如此拼？"

"因为复制老大走过的路，想要的东西自己努力去争取，自己拼出来的东西和别人送到嘴边的意义不一样！而且移动互联网创业可以快速积累人脉。"甜蜜带的小伙伴，也都是因为看到她的魄力、勇敢、坚持、真诚和付出，知道了她的故事和经历，所以才会一直跟着她。

每一个成功故事的背后一定有你所不知道的艰辛。所谓奋斗，不是让你上刀山下火海、闻鸡起舞、头悬梁锥刺股。奋斗就是每天踏踏实实地过日子，做好手里的每件小事，不拖拉、不抱怨、不推卸、不偷懒。

"每天一点一滴的努力，才能汇集起千万勇气，引领你到你想要到的地方去。"

人只有不断地进步，才能让自己找到存在感。成功没有捷径，没有谁一生下来就适合做生意。眼光、胆识、了解、决心，缺一不可。而这一切都得靠一点一滴的积累。

"我赔光了所有积蓄，还欠下 30 多万外债！"美容院老板娘的逆袭

草露晶莹简介

本名罗婷，曾担任美容连锁机构经理、化妆品公司培训总监，拥有 10 年实体运营经验。2015 年进行移动互联网创业，3 年的微营销经验，组建了万人团队，2018 年成立 M 品牌 001 事业部，成为第一董事。从移动互联网创业的第一天就一直追随米大。她们拥有共同的梦想：让中国细胞修护护肤成为世界骄傲。

因为爱情，草露晶莹不顾家人反对执意嫁到南京。外嫁他乡，和老公

吵架的时候，深夜赌气拎着行李流落街头，她突然意识到自己竟无处可去。

"夫家房子再多，我住着始终没有底气，没有尊严。"

草露晶莹是从湖南农村走出来的女性，父母都是农民，靠种田将她们兄妹抚养长大。和老公吵架的经历，让草露晶莹萌生了购买一套属于自己的大房子的想法。

第一董事草露晶莹形象照

"这样即使吵架了，我也有离家出走的底气。父母渐渐老去，买个大房子，能给他们更好的照顾。自己闺女购买的房子，他们住着才能内心踏实。"

为了赚钱买房，草露晶莹选择了创业。

2009 年开始草露晶莹和朋友一起经营美容院，短短几年时间开了 5 家店，几乎每一年就会多投资一家店，也就是赚了钱又投入到开店中。一个店平均 3 年左右又要重新装修一次，折腾了几年，她发现赚钱的速度始终跟不上房价的涨速。

2015 年，一家刚装修一年多的店铺，由于装修时留了隐患，地面下水管漏水，从 16 楼沿着墙缝一直渗漏到八楼，殃及到了其他楼层。草露晶莹只得又重新把所有地板敲掉重新装修。屋漏偏逢连夜雨，2015 年年底一名美容师操作失误，导致顾客背部和手臂烧伤 70%。为此，草露晶莹赔光了所有积蓄，还欠下 30 多万元外债。想着几年来起早贪黑的辛苦，所有的梦想转眼间付诸东流，草露晶莹欲哭无泪，同时也陷入了深深的迷茫。

此时，艾米粒的妹妹兔董的一句话点醒了草露晶莹：兔董刚开始的时候连微信号都是新开的，上面一个好友都没有，但她在一年多时间团队便有了几千人，相当于她不花钱开了几千家店。

一语惊醒梦中人，2016 年年初草露晶莹跟着艾米粒、兔董，全力以赴经营 S 减肥包事业。

在实体经济迅速下滑的这几年，很多实体店亏本、转让、关门。幸亏她跟对了人，抓住了移动互联网创业的浪潮。

移动互联网创业的核心是复制和裂变，一个人能力再强，发展速度一定没有团队裂变速度快。所谓裂变，就是一变二、二变四、四变十六……裂变需要积累和坚持，同时也需要方法，米大、兔董、团队有方法、有思路，让她少走了很多弯路。而且移动互联网创业投入门槛低，投入资金少，第一年主要是打基础、积累。她在第二年过完年以后就开始爆发了，也就是两年不到的时间实现了她的第一个创业梦想，在南京全款购买了一套 137 平方米的大房子。

艾米粒起盘高科技护肤品 M 品牌，意图打造中国高科技护肤领军品牌。草露晶莹这十来年一直扎根于美业，曾经的梦想是帮助更多人解决肌肤问题，让更多人实现逆龄时光。在感受了 M 品牌的产品功效、品质、安全性后，草露晶莹毫不犹豫在第一时间加入了。

"我要像米大、兔董一样，帮助更多人实现创业梦想！"

梦想被点燃，岂能默默无闻？草露晶莹半年时间便做到了第一董事，并成立了事业部。一年时间帮助很多代理实现了买房、买车的梦想。

创业之路任重道远，这仅仅只是开始，只要方向对了，选择对了，对草露晶莹来说，一切努力都值得。

"不要以带孩子为名，放弃自己的梦想！" 农村宝妈的华丽转身

王艳秋简介

来自沿海小城山东烟台莱州的 80 后宝妈，多年来遵循人生的正常轨迹，恋爱结婚生子，本以为人生就这样波澜不惊地走下去，直到 2015 年她偶遇

了艾米粒的移动互联网创业项目，从此人生一路"开挂"，成为公司山东地区第一团队的创始人。

王艳秋形象照

"移动互联网创业时代，不论学历，不论背景，不论家庭出身，拥有一部智能手机，人人都可成为创业者。我们女人的价值绝不是在家带孩子、洗衣、做饭、收拾屋子，而是要随时随地提升自己的人格魅力。没有任何一个女人，可以通过游手好闲赢得男人的欣赏；也没有任何一个女人，能不加修饰就可以与岁月抗衡！更没有任何一个男人，愿意透过你邋遢的外表，去发现你内在的美丽。做一个充满正能量的女人，既貌美如花，又赚钱养家！"

在接触移动互联网创业之前，王艳秋只是一位六岁孩子的农村宝妈，普通得不能再普通，过的是手心朝上的日子。对王艳秋而言，这样的日子并不好过——丈夫没有好脸色，公婆没有好态度。

"可我能怎么办呢？自己没有学历没有背景，只能将就着过。"

生了宝宝后，王艳秋身材开始发福。为了不让丈夫嫌弃，她决定减肥。一次偶然的机会，她接触到了米大（艾米粒）的移动互联网创业项目。

"原来还可以这样创业！"王艳秋开始兴奋起来，像是看到了救命稻草。她开始着手创业事宜。虽然创业门槛并不高，但对王艳秋而言并非易事。

丈夫不支持，自己手里又没有钱。无奈之下，王艳秋向她二哥借了3000元，开启了她的移动互联网创业之路。

"此后的人生，米大如一缕阳光，照亮了我的生活！"

移动互联网创业路上，在米大的悉心指导和帮助下，她从一个小白迅速成长为最高级别的代理，其带领的团队从最初的30人裂变到几千人。从月入几千元，到几万元，再到几十万元，实现了量变到质变的飞跃。

借助移动互联网创业，王艳秋在城里购了房、买了车，改善了自己的生活条件。

"现在的我有能力给父母安稳的晚年生活，有能力给孩子良好的成长环境。我始终相信：钱生货，货生钱；一份付出，一份回报。宝妈们，不要再以'带孩子没时间'为由而放弃自己的梦想！若干年后，你的孩子希望拥有的，是一个有梦想、可以紧跟时代潮流的魅力妈妈，而不是一个只会扫地做饭的妈妈！一个没有梦想的妈妈是养育不出优质的孩子的。妈妈不是保姆，更多的是榜样！"

卖卫生巾的清华男研究生
成了女性品牌的杰出团队领袖

杨墨简介

曾在银行工作四五年，离职后经历各种创业，2017年12月遇到艾米粒后开启了移动互联网创业，现为M品牌最高级别合伙人，"美则天系统"的发起人，是M公司唯一的男性万人团队长。

被问及为何代理女性产品时，杨墨笑着说："为了促进女性崛起。为广大女性朋友分享优质的产品，帮助她们移动互联网创业，实现人生梦想，这其实是一件很有意义的事。"

唯一男性万人团队长杨墨形象照

在创业之前，毕业于清华大学软件工程学院的研究生杨墨就职于杭州一家银行，做了四年多的系统开发工作。从银行辞职以后，他经历了数次创业，直到2017年12月13日，他遇到了米大和兔董，正式开始了他的移动互联网创业。

2010年年底的时候，杨墨从银行辞职。出于对自由职业的向往，他加入了一家直销公司。那家公司是卖卫生巾的，虽然身为男人，但是杨墨并没有任何不好意思，拿着一个粉红色的标有公司统一 Logo 的箱子到处给人做产品示范和对比。每当客户问杨墨自己有没有用产品的时候，他都会脱下鞋子，给别人看贴在鞋底的卫生巾……

2012 年年初，杨墨加盟的那家公司修改模式和制度，公司变了味，开始以集资和圈钱为主。面对此种局面，在做直销一年多后，杨墨毅然决然地选择了离开。之后他卖过饮料、降糖药、保健品、护肤品和净水器等，帮银行拉过存款，为企业拉过贷款，跑过政府项目……折腾了很久，但一直没有找到合适的创业路。

但杨墨并未就此放弃，当优步、滴滴出现后，他开始每天起早贪黑地接单抢单。再后来听说 POS 机那几年特别火，又和朋友心怡一起开了家 POS 机公司，然后再重新回到银行做信用卡办卡员，开始挨家挨户给别人办信用卡和卖 POS 机。

杨墨本来以为生活就这样了，直到有一天他的妻子 COCO 因为减肥，无意中接触到了 S 减肥包，杨墨就此和移动互联网创业结缘。他因此彻底改变了对移动互联网创业的看法。彼时他每天昏天暗地地卖移动 POS 机，突然发现妻子 COCO——一个全职在家、还要带两个小孩的宝妈，只是通过手机每天在微信上和人聊聊天，但是收入却远远超过他。这刺激了杨墨。

杨墨开始对移动互联网创业产生了兴趣，然后加盟了第一个移动互联网创业项目，主销漱口水。当他满怀热忱地做了两个月以后，杨墨发现移动互联网创业并没有他想象的那样好做。他差点放弃时，杨墨遇到了米大，遇到了兔董，遇到了真正意义上的移动互联网创业项目。他彻底了解了什么是真正的移动互联网创业，什么是真正的团队运作。他在很短的时间内就做到了总代，月收入也突破了六位数。

"我从未像今天这样能有机会陪伴、见证和参与一个品牌的成长。感恩 M 品牌，感恩米大和兔董，感恩 COCO，感恩一路追随的小伙伴。M 品牌一定能响彻全国各地。2019 我们携手同行，共创辉煌！"